学長のひとり言

河井秀夫 著

丸善プラネット

はじめに

四條畷学園短期大学のホームページ、〝んぐまーま〟のコーナーに、学長メッセージとして毎月一文を寄稿してきた。この度、平成二一年（二〇〇九年）一〇月から平成二六年（二〇一四年）三月までの原稿をまとめる機会を得た。

本書は月々のとりとめのない文章を集めたものであり、「学長のひとり言」と名付け、タイトルとした。

四條畷《しじょうなわて》は史情豊かで、歴史的にも興味深い。畷とは縄手と同義で、田間のまっすぐな畦道をいう。律令制のもと、河内国讃良郡《かわちこくささらぐん》は大東市中垣内を一条（六五四m）、二条を寺川、三条を野崎として、四条と五条は北条、四條畷市南野は六条、中野は七条であった。この条里制の四条、五条から六条にわたる田間の道は四條縄手と呼ばれ、のちに四條畷になった。ここは「四條縄手合戦」の地であり、楠木正行《くすのきまさつら》は高師直《こうのもろなお》と戦ったといわれている。

冬から春が来る。

春が来て夏が来る。

夏が来て秋になる。

季節はめぐり、めぐり回りながら、帰らぬ時間がすぎていく。

寒さ厳しい玄冬、若葉萌える青春、燃え盛る朱夏、熟成の白秋。

人生も冬から春は耐え忍び、精進の学生期には若葉が芽吹き、春から夏はあおく萌え、皆一様に活気をみせる。

夏から秋はさまざまな彩りの人生となる。　裏をみせ表をみせて散る紅葉、赤や黄色や橙色などそれぞれに違った人生の色を示す。

若さの色は一様、老いの人生はいろいろな彩りになる。

時は前に進めば時間となり、後ろに戻れば想い出となる。

過ぎた日や想い出は走馬燈のように頭をかすめ、諸事万端ただ春の夜の夢の如しである。

甲午《きのえうま》　白秋の齢の　初春に　当下一念　ただひたすらに！

本書のイラストは、四條畷学園短期大学保育学科　香月欣浩先生が作成しました。

原稿イメージから作成のオリジナルイラストが本書のアクセントになり、感謝しています。

本書刊行にあたり、丸善株式会社学術情報ソリューション事業部ならびに丸善プラネット株式会社関係各位にご協力頂き、ありがとうございました。

平成二六年　春

河井秀夫

目次

イラスト：香月欣浩

「はじめまして」

平成二一年（二〇〇九年）一〇月から四條畷学園へ赴任致しました河井秀夫です。整形外科医師でもあり、九月までは枚方市の星ヶ丘厚生年金病院に勤務していました。手のしびれ、腰痛、膝の痛みなどに対する整形外科一般診療を行うとともに、リウマチ学、手の外科学やリハビリテーション医学などに取り組んできました。今後とも、なにとぞよろしくお願いします。

平成二一年九月の連休、シルバーウィークには、初めて伊勢神宮にお参りして来ました。毎年秋分の日をはさむ三日間、秋の神楽祭《かぐらさい》が宇治橋を渡ってすぐの特設舞台で、高い秋空の下、美しく舞われていました。神様をおなぐさめする、参拝者が崇敬の気持ちを表す、あわせて神前で美しい舞と音楽を楽しむなど、千余年の歴史を持つお神楽《かぐら》には、いろいろな意味があるそうです。

伊勢神宮は、元来、国家最高の神として庶民のお参りは禁止されていましたが、平安時代末期には王朝財政の衰えとともに信徒網のすそ野が広がりました。鎌倉時代には、神宮が仏事とは相入れない関係であるとされていたにもかかわらず、有力僧侶もお伊勢参りを行い、仏教と神宮信仰とは矛盾しないものと解釈されました。室町時代になると足利将軍のお伊勢参りが行われ伊勢講（お伊勢参りをする集団）が発達し、一般民衆にまでお伊勢参りは広まりました。室町時代末期に来日したキリスト教宣教師は「日本人は伊勢神宮に行かざる者は人間の数に加ふべからずと思へるが如し」と記録し、その活況が述べられています。民衆の間に広まった理由は、伊勢神宮の内宮《ないくう》の祭神である天照《あまてらす》大神《おおみかみ》は、「一切衆生《いっさいしゅじょう》の父母」といった信仰が形成され、伊勢神宮の外宮《げくう》の祭神である豊受大神《とゆけおおみかみ》が食物神、農業神として広く民衆の信仰を集めたためであるといわれています。江戸時代には伊勢踊りがはやり、村々では踊りが盛んとなり伊勢信仰が高まりました。そして、仲間とともに一生に一度は「お伊勢参りと上方巡り」を兼ねた大旅行に出るものだとの考えが日本中で広まりました。約六〇年周期で、いわゆる「お蔭参《かげまい》り」が起こり、幕末期の狂乱的な民衆運動で踊りながら

唱えた「ええじゃないか」騒動に至りました。日本の民衆には、もともと聖地巡礼の思想が根強く存在し、伊勢神宮は聖地化されてきたものと思われます。

九月、シルバーウィーク時のお伊勢参りでは、参道を埋め尽くした人、ひと、ヒトがお餅屋、うどん屋、ソフトクリーム屋など至るところで行列をなし、道ゆきもままならない状態でした。大変多くの人々が集まる理由は、伊勢神宮が聖地巡礼地として存在してきた長い歴史と由来を知ることで理解できました。

樟葉祭《しょうようさい》「二〇〇九　𤾣《なわてだましい》魂　全開《ぜんかい》」

大阪府出身で日本サッカー界の重鎮、日本サッカー協会名誉会長の川淵三郎氏は、ドイツ人コーチであるテッドマール・クラマーから、ドイツの地で「大和　魂《やまとだましい》」という言葉を教わり、外国人から聞いた、その言葉に驚くとともにサッカーに対する基本の大切さ、ひたむきさに気付き、気持ちを高めサッカーに集中し活躍できたと語っている。

四條畷学園短期大学・大学主催の学園祭が平成二一年（二〇〇九年）一一月八日、九日の両日、「二〇〇九　畷魂全開」のテーマのもとに開催される。

畷魂とは何だろう？　畷魂とは、絆《きずな》を大切にする強い気持ちと志を持つことであると考える。仲間との絆、地域との絆、親とのそして国家との絆を築き、その恩に報いようと考え行動すること、これが畷魂の基本と考える。

歴史をひも解くと、南北朝時代の武将、楠木正行《くすのきまさつら》は、ここ、河内国北条（四條畷市・大東市）の地で、正平三年／貞和四年（一三四八年）、足利尊氏の部将　高師直《こうのもろなお》・師泰《もろやす》兄弟と戦って最期を遂げた。その墓所は、四條畷学園短期大学から西四〇〇ｍの地にあり、樹齢五五〇年ともいわれる楠の大木が正行たちの忠義を永遠に称えている。楠木正行の父である楠木《くすのき》正成《まさしげ》が明治政府によって大楠公《だいなんこう》として神格化されたが、その父の遺志を継いで南朝のために戦い、命を落とした嫡男の楠木正行は小楠公《しょうなんこう》と呼ばれ、地域の人たちに慕われている。自身の体はこの地で果てても、その誠忠・純孝・正義は明治維新の尊王思想の模範となり四條畷神社に祭られ、時代を越え、今日まで人々の胸に畷魂として刻み込まれている。

このような地域で学園生活を過ごしているものとして、歴史を思い、いろいろな人たちとの絆を築きながら学園祭として行われる樟葉祭は、参加者ならびに主催者にとって意義あるものになることと思う。

地域への愛着、仲間との絆、親への恩から愛国心は生まれ、畷魂は大和魂に通じた一連のものであると考える。何をするにしても事を成し遂げるためには、その志、魂は大切な根本である。

山口県（長州藩）出身で松下村塾《しょうかそんじゅく》を主宰し、幕末・明治維新に活躍して高杉晋作、伊藤博文など多数の志士たちを輩出した吉田松陰《よしだしょういん》は、有名な辞世の句を残して三〇歳で刑死したが、その意志は長州藩たちの倒幕への精神的柱、大和魂になった。

「身はたとい　武蔵《むさし》の野辺《のべ》に朽《く》ちぬとも
留《とど》め置《お》かまし大和魂《やまとだましい》」

吉田松陰　辞世の句

師走「主をたたえ、仏に暮れて、神で明け」

今年も年の暮れになった。町には「ジングル・ベル」が流れ、家の玄関や街のツリーにイルミネーションが灯った。「にわかクリスチャン」の急増である。師走は、なんとなく浮き浮きした気分とともに、慌しく毎日が過ぎてゆく。イルミネーションの色が今年は青や白が主体であるのは、青色発光ダイオードの開発によるためだろうか。年の瀬には「除夜の鐘」をききながら、「年越しソバ」を食べ、一夜明けると「初詣」に出かけ、有名な神社では人、ひと、ヒトで大混雑になる。年の暮れでなくても、家の中には仏壇と神棚の両方（新築の家では最近は少なくなった）が祭られ、いろいろなお寺の「お札」が仏壇には納められ、赤ん坊が生まれたといっては「宮参り」、子供の成長とともに「七五三参り」、厄年には神社、仏閣で「厄払い」を受ける。結婚式は神式か教会式かは、どちらが格好よいかで決められる。挙句の果てには、身内に不幸が出て初めて「うちの宗旨は何でしたか」と大慌てする事態になる。「宗教」とは、〝いのちのよりどころとなる教え〟であり、「いのちのよりどころ」が二つも三つもあっていいのかとの批判的な意見を、特に外国人から受ける。一般的に一つの宗教を奉ずるならば、ほかは捨てるというのが宗教者の通常の態度である。思想・信条の違いで争う宗教戦争、特にユダヤ教、キリスト教、イスラム教など一神教の信者たちは、現在なお、アフガニスタンのみならず世界の至るところで激突している。したがって、日本人には宗教心があるのか、あっても堕落した心しかないのではないのかと、理解されず訝《いぶか》られる。

〝いいものはいい〟という「いいとこ取り」の日本人気質の始まりは、聖徳太子による宗教政策、神・仏および儒の集合思想にあるといわれている。聖徳太子は、仏教信奉者として法隆寺や四天王寺の建立など熱心に仏教興隆の施策を行ったが、同時に伊勢神宮をはじめとした神道存続の姿勢も保たれた。神様も仏様も同じように拝み、また論語も読むということが、一四〇〇年前の聖徳太子の時代からわれわれには自然と身に付いてきているのである。宗教という、人間精神の根源に関わることでこのような態度だから、他の文化や技術の摂取・導入に際してはなおさらである。これはいい

ねといっては導入し、これは駄目だねといっては無視する考え方、「いいとこ取り」をするという日本的な発想、行動である。外来の新文化・技術・思想は、常に「日本的」に形が変えられて初めて受け入れられた。明治維新しかり、第二次世界大戦後の状況もしかりである。欧米の文化吸収、戦後民主主義体制、企業経営などすべてにこの発想が私たち日本人には浸透しているのである。日本人の精神構造、気質を特徴的付けている事績は長い歴史を経て今日に伝わっており、その基は一四〇〇年前に、神・仏・儒集合思想を採用した聖徳太子による宗教政策の影響によるものなのだ。

平成二一年（二〇〇九年）、師走。「主をたたえ、仏に暮れて、神で明け」、よい年を「これはいいね」とお迎え下さい。

「一年の計は元旦にあり」

新年あけましておめでとうございます。

「一年の計は元旦にあり」。

この言葉は、

一日の計は晨《あした》にあり（一日之計在晨）
一年の計は春にあり（一年之計在春）
一生の計は勤にあり（一生之計在勤）
一家の計は身にあり（一家之計在身）

という中国の書物、月令広義の歳令「四計」の項からの由来である。

晨は〝あした〟と読み、朝ということである。春とは中国の暦で正月のことである。元旦とは元日の朝のことだから、一日の計そして一年の計は「元旦にあり」ということになったのだろう。新春を迎え、一年の計として新たな目標を持ち、今年こそやるぞとの心構えを持とう。「毎日読書をする」「日々日記をつける」「英語の上達を目指して、一〇〇〇単語を覚える」などなど、人それぞれで目標は違うだろうが、新たな年に新たに目標を定めて取り組みたいものだ。

目標達成のためには、まず行動することである。最も変えやすいのは自分であり、最も変えにくいのも自分である。できるかどうかは、意識を変えられるかどうかにかかっている。この際、習慣ということが最も大切であり、人の一生を左右するほど重要である。

行動という種をまけば、習慣という収穫がある。毎日勉強する習慣を身に付ける、特に読書の習慣は必ず身に付ける。もし読書習慣がなくても身に付けるように努力すれば、考え抜く力を養うことができる。習慣という種をまけば、性格という収穫を得ることができる。性格という種をまけば、運命という収穫を得ることができるだろう。性格は長期間続く習慣であり、習慣は人の運命を左右する。

運命は自分で切り拓くものであると思われるかもしれないが、人生の重要な決定はすべて他人によって行われている。たとえば入学試験の合否、もちろん自分でよい点を獲得することは必要だが、合否の決定は他人が決める。会社においての社長、課長などの昇任人事、国会議員の選出などなど、重要なことはすべて他者によって決定されているのである。性格が人生を左右するのは、運命が他者との関わりで変わっていくから人生に違いが出てくるのである。

悪しき習慣はすぐ身に付くが、よき習慣を身に付けることは大変である。努力を必要とする。世の中の価値あるもの、努力を必要としないものは一つもない。アメリカの大リーグで活躍し九年間連続二〇〇本安打を達成したイチロー選手、ゴルフ界で二〇〇九年賞金王に輝いた石川遼選手らをみても、天才だから偉業達成できたのではなく、常に人一倍努力した結果の賜物なのである。

一年の計は元旦にあり。さあ、新年、新たな目標を持って行動し、よき習慣を身に付けよう。習慣が性格をつくり人格を形成し、運命さえ左右するのだ。

平成二二年（二〇一〇年）、益々のご健勝とご好運をお祈り致します。

「庚寅《かのえとら》」

平成二二年（二〇一〇年）は、庚寅年である。今年の年賀状やいろいろなグッズには、トラが大活躍である。何事にもトライしてみて、幸運をつかむ年でもあるのだろう。阪神タイガースも今年はわが年であると張り切っており、城島健司選手の加入もあり優勝の期待が膨らんでいる。歴史的にも本年は節目の年であり、古くは奈良へ都が移った平城京遷都から一三〇〇年、新しくは日米安保条約の協定調印より五〇年、また、池田勇人首相による「国民所得倍増計画」発表から五〇年という年である。過去五〇年、日本はひたすら高度経済成長の道を歩んでまいり、ある種の豊かさを獲得し今日に至った。人々の収入が増えれば、一人ひとりの満足感や幸福感が基本的には得られる筈《はず》だという考え方に異論はなかったからである。しかし、経済成長の光の影として、都市化、核家族化そして地域との関わりの低下などが生じ、現在は少子化や高齢化が時代を考えるキーワードとなっている。グローバル化、国際化、ボーダーレス化も驚くほどの速さで進行し、携帯電話、インターネットやＩＴの普及が社会の隅々に至り、変化に拍車をかけている。何のために、何を目標に、何を信じ、何を守るかなど、生き方に戸惑いを持つ人が少なくないのでは、と思う。地球温暖化、世界人口の爆発的増加や西洋医学の限界など、人々を取り巻く状況の変化が、清貧思想や自然と調和した生活思想など、生き方の見直しを一人ひとりに求めているように思う。

　干支《えと》で、今年を庚寅の年と呼ぶのは、陰陽五行思想の考え方である。十干は、甲《こう》、乙《おつ》、丙《へい》、丁《てい》、戊《ぼ》、己《き》、庚《こう》、辛《しん》、壬《じん》、癸《き》と音読みするが、訓読みでは、きのえ、きのと、ひのえ、ひのと、つちのえ、つちのと、かのえ、かのと、みずのえ、みずのと、となり、語尾の「え」が陽、「と」が陰であり、「え」は兄、「と」は弟の意である。十二支では、子《ね》、丑《うし》、寅《とら》、卯《う》、辰《たつ》、巳《み》、午《うま》、未《ひつじ》、申《さる》、酉《とり》、戌《いぬ》、亥《い》であり、子《ね》から数えて奇数番目は陽、偶数番目は陰となる。十干と十二支の組合せは、全部で六〇通りになる。

　還暦とは、自分の生まれた干支が一巡して元に戻ったことを意味する。陰陽五行思想は、中国の春秋戦国時代（約二五〇〇年前）に生まれた思想であり、宇宙間の森羅万象（時間も空間も含めて）を陰と陽との関係でとらえる二元論である。もともと宇宙は天地未分化の混沌状態であったものが、軽く澄んだ「陽」気が上昇して天となり、重く濁った「陰」気が沈んで地になったと説明され、陰と陽は一つの混沌状態（太極）から派生したものであり、互いに往来・交合する性質がある。万物は、陰陽の交合によって生死盛衰を繰り返すが、宇宙間の五要素、「木火土金水」が互いに相生・相剋し、物はすべて盛衰の輪廻を繰り返させるが、人もまた、この原理に組み込まれているというのが、考え方の基本である。

日本へは、仏教や儒教と同じく五世紀から六世紀頃に伝わり、陰陽道など独自の発展を遂げ、陳花祭や鎮守様の祭り、厄災・厄病退散祈願など季節の変わり目に行われていた風物詩だった。明治時代からは、漢方などとともに近代的でなく、合理的でないものとして多くは失われたが、干支の考え方は今のわれわれの生活に残っているものの一つである。庚寅の「庚」は十干で第七番目、万物が枯れしぼむという意を持っているが、「寅」は十二支で第三番目、発芽の時期になった種が地中でうごめき始める様を表している。

すなわち、古いものは壊れるものの、新たな息吹が感じられる年、今年が「スクラップアンドビルド」の年であることを表している。寅は月では一月（旧暦）、時刻は午前四時である。

「一日の計は寅にあり」

その日一日の事は朝早く計画を立てて実行すべし！

「お水取り」

近畿に春の到来を告げる「お水取り」が三月一日から三月一四日まで、奈良の東大寺二月堂で行われる。この行は修二会《しゅにえ》と呼ばれ、かつては旧暦二月一日から一五日まで行われてきた。旧暦一月に行われる法会《ほうえ》は修正会《しゅしょうえ》と呼ばれるので、修二会は二月に修する法会を意味する。

東大寺二月堂の修二会は、天平勝宝四年（七五二年）、東大寺を開山した良弁僧正《ろうべんそうじょう》の弟子の実忠和尚《じっちゅうかしょう》によって始められたといわれている。以来、一度も絶えることなく毎年続けられ、平成二二年（二〇一〇年）には一二五九回を数える。今年は、奈良に都が移ってから一三〇〇年、平城京遷都の記念すべき年でもあるが、奈良朝から「お水取り」の法要が毎年行われてきたことを知ると、歴史の奥深さと大変な驚きを感じる。

三月一二日深夜（一三日の午前一時半頃）には、「お水取り」といって、若狭井《わかさい》という井戸から観音様にお供えする「お香水《こうずい》」を汲み上げる儀式が行われる。このため「修二会」は、「お水取り」とも呼ばれている。福井県小浜市の若狭神宮寺では、今もこの奈良東大寺の井戸に水を送る「お水送り」（三月二日）の行事が行われている。奈良の真北に位置する福井県小浜市の若狭神宮寺の水は、東大寺二月堂の井戸とつながっていると考えられているのである。この行を勤める一一人の練行衆《れんぎょうしゅう》の道明りとして、夜毎、一〇本の大きな松明に火が灯され、堂内をかけまわり、そして舞台作りになったこの建造物から激しく火の粉をまきちらす。この火の粉をかぶるとその一年は息災でいられると伝えられている。この行も最高潮である一二日の夜は、ことのほか派手に燃え上がり、松明もほかの火よりも一本多い一一本になる。

この法要は、前年の一二月一六日（良弁僧正の命日）の朝、翌年の修二会を勤める練行衆と呼ばれる一一人の僧侶が発表され、明けて二月二〇日より別火《べっか》と呼ばれる前行が始まり、三月一日から三月一四日まで本行が勤められ、三ヵ月にも及ぶ。

「修二会」の法要は、正しくは「十一面悔過《じゅういちめんけか》」といい、十一面観世音菩薩《じゅういちめんかんぜおんぼさつ》を本尊としている。この本尊は、「大観音」「小観音」と呼ばれる二体の観音像であり、いずれも絶対の秘仏である。そして、「天下泰平《てんかたいへい》」「万民豊楽《ばんみんほうらく》」「五穀豊穣《ごこくほうじょう》」などを願って祈りが捧げられ、人々に代わって懺悔《ざんげ》の行が勤められる。したがって、五体投地《ごたいとうち》や達陀《だったん》の行法《ぎょうほう》など、勇壮でまた謎に満ちた行事でもある。

お水取りの行事は、陰陽五行思想が根底にあると考えられる。東大寺は奈良時代の首都の東方にある大寺である。東は木気象徴の方位（木火土金水の思想からみて木は東の方位）であり、二は春を象徴し、旧暦二月二月堂の行事で、そのハイライトは一二日（一二の一桁の数は二）である。

この行事の主役は二月堂の本尊、十一面観音であり、本尊の一一の数は、木気の生数「三」と成数「八」を加えた数である。

福井県の若狭は、奈良の真北であり、北は水を象徴する方角である。「水生木」（水が木を生かす）の法則で、十一面観音の水気を生み出す母は北の水なのである。この水を春に迎えて、初めて十一面観音の生命は新しく甦《よみがえ》る。

以上より、古代の首都、奈良東大寺二月堂のお水取りは、正に首都はもちろん、大和国、ひいては日本全土に春を呼ぶ壮大な祭りであり、呪術だったと考えられる。

一元の太極から派生した陰陽二気は交感して、木火土金水の五気を生ずるが、この五気も気であって、本来、人間の五感にはとらえられないと考える陰陽五行思想

は、日常のいろいろな祭りや歳時の不思議さの根底を解明する鍵を握っている。

「四條畷学園大学・短期大学　入学式式辞　平成二三年四月三日」

本日、四條畷学園大学・短期大学へ入学される皆さん、ご入学おめでとうございます。
長年にわたりご息女・ご子息を支えてこられた保護者の皆様にも、心からお祝いを申し上げます。

ご来賓の皆様方のご臨席を賜り、当学園大学ならびに短期大学入学式を挙行できますことは、私どもにとりまして大きな喜びです。

大学リハビリテーション学部入学者の皆さんは理学療法学専攻あるいは作業療法学専攻への入学となります。

短期大学入学者の皆さんは保育学科、ライフデザイン総合学科あるいは介護福祉学科への入学となります。

皆さんがこれから大学生活を送る四條畷学園は、「報恩感謝」を建学の精神として、大正一五年（一九二六年）に開学しました。教育目標は「感謝される人間の育成」であり、学生たちの個性と自主性を尊重した教育に取り組んでいます。

大学リハビリテーション学部では、人間性豊かな高い職業倫理観を持ち、高度の科学性と技術性を兼ね備えた職業人を世に送り出すことを社会的使命と位置付けています。

その目的を果たすため

① 社会に貢献する人間性豊かな尊敬される人材を育成すること

② 科学する力と旺盛な研究心を身に付けたセラピストを育成すること

③ セラピストとしての実践力を育成すること

を具体的目標としています。

このような建学の精神、教育理念、教育目的を達成するために、多様化する理学療法士ならびに作業療法士の社会的ニーズに対応するために、単なる専門的知識や技術を教育するのみでなく、障害を持った方々や高齢者に対して人間味あふれた接し方ができるよう幅広い教養や豊かな人格を育むための教育・研究に主眼をおいています。教育に当たっては学生の自主性を尊重するとともに、技能を修得し応用能力を高めるための実習時間と内容に配慮し、地域社会はもとより国際社会においても活躍できる人材の育成に努めています。保健・医療・福祉の領域での職域は豊かな社会生活を過ごす上で、その重要性が高まる一方です。ここに入学される皆さんには、その職域において自ら課題を発掘し、問題解決を計ることのできる、主体性を持った、将来ともに社会で有為な仕事ができるようになるための基礎的能力の獲得を期待しています。

保育学科では、次世代の人間形成に関わる最も重要な仕事に取り組む人材を育てるため、「情操教育を重視した実践的教育」を実施し、「子どもの心がわかる保育者」の育成、さらには「子育て支援や家族支援に対応できる人間関係スキルを備えた保育者」の育成を目指しています。ライフデザイン総合学科は、学生諸君の多様なニーズに応えられる、自由な履修選択ができる学科であり、多様な資格・称号を取得でき、二一世紀の社会に適応、活躍できる人材の育成を目標としています。また、介護福祉学科は、「人間教育」を重視した学びの中に、今日の社会が求める心豊かで温もりのある介護福祉士の養成を目指しています。本学で培った知識、技術、そして人格によって、建学の精神「報恩感謝」を実践化、具体化されますことを皆さんに期待しています。

二一世紀の社会は国際化が進み、価値観が多様化するとともに競争と技術革新が激化しています。一方では、国際化は経済活動を活性化し、多文化共生社会の道を開きましたが、他方では、環境破壊、格差の拡大、文化間摩擦、民族紛争やテロリズムなどがアフガニスタンのみならず世界各地で起こり、社会の陰の部分を浮き彫りにしています。また、リーマンショックをはじめとして、従来の資本主義体制下の経済活動も行きづまりをみせています。科学技術が高度化し、人間がそれにのみ込まれる危険性をはらんだ弱肉強食が幅をきかせる社会になっています。変化の激しい、ある意味危険性の高い社会、不安定で将来の理想が描きにくい状況下ですが、それぞれの組織や地域社会の中で多様な人々とともに生き、生活する能力を身に付けることが大切です。

作家の司馬遼太郎さんが、『二十一世紀に生きる君たちへ』（世界文化社）に書かれた文章は、今でも私どもへ大切なことを語りかけています。

「君たちは、いつの時代でもそうであったように、自己を確立せねばならない。…自分に厳しく、相手にはやさしく。という自己を。そして、すなおでかしこい自己を。

二十一世紀においては、特にそのことが重要である。二十一世紀にあっては、科学と技術がもっと発達するだろう。科学・技術が、洪水のように人間をのみこんでしまってはならない。川の水を正しく流すように、君たちのしっかりした自己が、科学と技術を支配し、よい方向に持っていってほしいのである。右において、私は「自己」ということをしきりに言った。自己といっても、自己中心におちいってはならない。人間は、助け合って生きているのである。私は、人という文字を見るとき、しばしば感動する。斜めの画がたがいに支え合って、構成されているのである。そのことでも分かるように、人間は、社会をつくって生きている。社会とは、支え合う仕組みということである。（中略）自然物としての人間は、決して孤立して生きられるようにはつくられていない。このため、助けあう、ということが、人間にとって、大きな道徳になっている。助け合うという気持ちや行動のもとのもとは、いたわりという感情である。他人の痛みを感じることと言ってもいい。やさしさと言いかえてもいい。「いたわり」「他人の痛みを感じること」「やさしさ」みな似たような言葉である。この三つの言葉は、もともと一つの根から出ているのである。根といっても、本能ではない。だから、私たちは訓練をしてそれを身につけねばならないのである。その訓練とは、簡単なことである。例えば、友達がころぶ。ああ痛かったろうな、と感じる気持ちを、その都度自分の中でつくりあげていきさえすればよい。この根っこの感情が、自己の中でしっかり根づいていけば、他民族へのいたわりという気持ちもわき出てくる。君たちさえ、そういう自己をつくっていけば、二十一世紀は人類が仲よしで暮らせる時代になるのにちがいない。」

と、司馬遼太郎さんは述べています。

自己を確立せよ、自分に厳しく、相手にはやさしく、そして、それらは訓練することで、自己が確立されていくのです。

この、自己確立ということが、大学教育の中でも重要であると考えます。

何事に対しても「できない」「わからない」という前に、チャレンジすること、そして自らの考えを確立し、その結論に基づいて、行動することです。時代に流されずに、熱心に努力を重ねることが自分を大きく成長させ、人生を豊かにすることができるのです。自らの意思で、課題を解決して仕事に役立たせるために学ぶという「自己啓発力」を養うことが大切です。「自分を常に切り拓いて

いく姿勢を持つことが、この人生を最高に旅することになるのだ」と一九世紀の哲学者は、「ニーチェの言葉　超訳」で語っています。

本学へ入学された皆さんに対して、教職員一同、学生の視点に基づいた対応を常に心掛けています。いつでも、どんな時にでも、困った時には、いつでも教職員が傍らにいます。気軽に相談して下さい。皆様とのご縁、絆をこれから大事にしていきたいと思います。

皆様のご健勝とご活躍を祈り、式辞とさせて頂きます。

ご入学、おめでとうございます。

「母国語」

母国語は、出身国、母国の言葉という意味だが、幼少期から自然に使っている言語という意味では、母語と呼ばれる。日本人の場合は、日本語を話すが、世界的にみた場合、言語と国とが一対一とはなっていないことが少なくない。母語が複数あっても、最も得意な言語は一つであり、それは第一言語と呼ばれる。

言語に関する脳の領域は、側頭葉のブローカ領域、ウェルニッケ領域のほか、シルビウス裂を囲む広い範囲にわたっている。右利きの人では、単語、文法、語彙などの主要な言語機能は左半球優位である。しかし、声の抑揚の把握や比喩の理解などは右半球優位であるといわれている。脳梗塞によって右半身麻痺、すなわち、左脳障害を生じた場合には、言語機能障害も重篤になる。

人は、環境の中で聴取する音声から自分で文法など規則性を見出し、学習する機能を本来備えていると考えられている。そのため、幼児の場合には、特に教わらなくても言語学習ができるようになる。生まれたばかりの赤ちゃんは、まったく言葉を知らない。お釈迦様は、生まれた時に「天上天下《てんじょうてんげ》、唯我独尊《ゆいがどくそん》」といったといわれているが、神話での話である。生まれてすぐに言葉を話したものは、これまでに、いなかったはずである。言葉は、生後三ヵ月から六ヵ月で、うなり声やばぶばぶ、あーうーなどの喃語をあげるようになる。一歳頃には単語を発音できるようになり、一歳六ヵ月頃には、二語文を使用できるようになる。それ以降の言語能力は急速に発達し、四歳頃には、喩えや類推できる言葉を理解できるようになる。まず、具体的な言葉がわかるようになり、その次に、抽象的な言葉もわかるようになる。その間六〇ヵ月、五歳までが、子供の言葉の習得期間であるといわれている。

言葉は、意思や思考を伝達する手段であるけれども、それとともに、われわれの心を表す顔のようなものでもある。

野獣の中で育った人間の子供、まわりに人間がいない環境下で暮らした子供は、言葉を知らない。野生児の研究はフランスやインドからの報告があり、それらに共通する特徴は、次のような点である。①音声の言葉を持っていない、②感覚や感受性が異常である、③情緒的発達が遅れて、泣いたり、笑ったり、涙を流すことがない、羞恥心を欠く、④自閉的で、対人接触に問題がある、などである。さらに、〝心〟を持っていないことと、音声言語が習得されなかったことが注目される。文字はある程度教えられたのに、音声言語は習得されなかったのである。このことは、話し言葉がなくては、心は育たないことが考えられる。子供にとって話し言葉、音声言葉を理解することで、子供心が芽生えるのである。「三つ子の魂、百まで」と、昔からいわれている。三つになれば、精神的な組織がかたまる、個性、自我といってよいものを身に付けるのである。三つ子の言葉が、三つ子の心をはぐくむというわけである。

それが、その人の一生を律するほどの力、心になるのである。心をはぐくむのは、言葉である、といってもよいのである。

生まれた子供が、自分一人で言葉を身に付けるわけではない。まわり、特に親、中でも母親に教えられて言葉を覚える。繰り返しくりかえし聞き、そして、話す。やがて、慣用ができ、言葉の習性を獲得する。英語で、母国語を"mother tongue"と呼ぶが、「母からの言葉」、と理解できる。子供が、生まれた直後からまわりの人たちの言葉、特に母からの心のこもった言葉を聞くことが、いかに大きな意味を持つかがわかる。

「言葉は国の手形」ともいわれるが、一人ひとりの口癖、なまり、方言は、その人の生い立ちを表す。通行手形のように、また、身分証明書にもなるのである。

言葉は心に結びつくものであり、美しい言葉、正しい言葉、よい言葉が、人の成長に大きく影響を与えるのである。

「姿勢」

「自分を切り拓いていく姿勢を持つことが、この人生を最高に旅することになるのだ」

これは、一九世紀の哲学者フリードリヒ・ニーチェの姿勢に関する素晴らしい言葉である。

正しい姿勢の人は美しい。よい姿勢を保つと、知的にも活動的になる。

姿勢とは、①からだの構え、②事に当る態度である、と広辞苑では説明している。

人のヒトたる所以は、二足歩行をし、上肢が自由になって手を使い、道具を使用できることである。今日のような文化・文明は、二足歩行によって築かれたのだといわれている。人類進化とは、姿勢の変化であるととらえることができる。哺乳動物である犬や馬などは四足歩行だが、ヒトの祖先はジャングルでの長い樹上生活を経て草原に降り立ち、二足歩行を始めたのは、約四〇〇万年前アフリカにいたアウストラロピテクスである。ヒトは、基本的には、未熟児でこの世に誕生するので、生まれてすぐには歩けない。もちろん自分で食べることもできない。親によって育てられ、三ヵ月で首がすわり、ハイハイができるようになり、つかまり立ちが一歳頃にはでき、その後ひとりで歩けるようになるのである。個体発生は系統発生を繰り返すが、ヒトの成長過程は、人類進化の過程をたどっている。このように立って歩けるようになることが、ヒトの成長であり、人のヒトたる特徴となるのである。

頭を働かせるには、姿勢が大切である。いちばん合理的な姿勢は立っている状態であるといわれている。姿勢によって、頭がよくなったり、悪くなったりもするという実験もある。同じ本を引きうつす作業を一〇分間してもらい、よい姿勢をとらせたグループとネコ背になってもらったグループとで比較すると、同じ人でも姿勢のよい方がよい結果をもたらしたというのである。昔、幼年学校という陸軍のエリート養成の中等学校があったが、皆姿勢がよく、背筋を伸ばし頭をまっすぐに立てていた。戦争が終わって、その学校の生徒は一般の学校へ編入学して勉強するようになったが、幼年学校で学んだ人たちは、能力が高く、素晴らしい成績を上げたといわれている。姿勢によっても、英才教育をしていたのではないかと思われる。勉強のよくできる人の姿勢はよいのが一般的である。勉強をする時に、寝そべって本を読む人がいるが、極めて能率のよくない勉強法であるといえる。寝るよりも座る、座るよりも立つことが基本である。姿勢をよくするには、立つのがいちばんである。その方が、脳の血液循環もよくなるのである。齢を重ねても、いきいきと生活している人は、概して姿勢がよい。ネコ背になって姿勢が悪くなると、生命予後も悪くなるといわれている。

近年、体幹を鍛えると、スポーツや日常活動においてパフォーマンスが向上するといわれ、体幹トレーニング法が注目されている。体幹を鍛えると姿勢がよくなり、手足のなめらかな動きの獲得も期待できるというものである。体幹の深層筋であるインナーマッスルをゆるやかに鍛えると、①代謝が上がる、②姿勢がよくなり、歩行姿勢がよくなる、③動作に無駄がなくなり怪我が少なく、転倒予防にもなる、というものである。プロスポーツにおいても、野球のイチロー選手、ゴルフの石川遼選手、相撲の白鵬関などを見てわかるように、一流である人ほど、その姿勢がよいように思う。同時に、事にあたる姿勢も、常に前向きである。

このように、姿勢は心身へ大きな影響を与える。

ヒトの姿勢は、進化や成長の過程で獲得されたものだから、油断するとすぐに悪い姿勢に戻ろうとする。正しい姿勢、よい姿勢を保つには、心掛けが大切であり訓練も必要である。

「阿吽《あうん》の呼吸」

阿吽の呼吸とは、ある事をする時、お互いの微妙な調子や気持ちを表し、特にそれらが合致することをいう。家庭で、職場で、いつも阿吽の呼吸があえば、日々限りない幸せに浸ることができる。阿吽は、サンスクリット語でa-hum《アウン》と読み、「阿」は口を開いて最初に出てくる音でアルファベットの最初の字であり、「吽」は口を閉じる時の音声で字音の終わりを表し、万物の初めと終わりを象徴する。密教では「阿」を万物の根源、「吽」を一切が帰着する智徳としている。寺院山門の仁王や狛犬などの相は、一つは口を開き、他は口を閉じている。正面からみて右側の像は左手に金剛杵《こんごうしょ》を持ち、一喝するように口を開け、左側の像は右手の指を開き怒気を帯びて口を結んでいる。口を開ける像を阿形《あぎょう》の像、口を結ぶ像を吽《うん》形《ぎょう》の像という。仁王像は筋骨たくましい裸形の力士像だが、その中でも法隆寺中門像（和銅四年／七一一年）、東大寺南大門像（鎌倉時代、運慶、快慶の作）、興福寺像（鎌倉時代）などが優れた作例である。

また、阿吽は呼気と吸気を表している。呼吸は、普段は無意識である。安静呼吸時には、横隔膜が一五㎜動き、腹式呼吸で六〇―七〇㎜、脊骨を伸ばすと一〇〇㎜動く。内臓機能の中で、唯一意識的にも調整できるのが、呼吸である。すなわち、呼吸は不随意機能と同時に、完全な随意機能を持っている。呼吸の自律的調節の中枢神経は延髄、橋にあるが、呼吸の随意的調節の中枢は大脳皮質である。随意呼吸において、吸気時の吸息筋は横隔膜、外肋間筋、傍胸骨肋間筋、胸鎖乳突筋や斜角筋である。呼気時の呼息筋は腹筋（腹直筋、外腹斜筋、内腹斜筋、腹横筋）や内肋間筋であり、意識的呼吸時には、腹筋の収縮による横隔膜の挙上や内肋間筋の収縮による胸郭の沈下を認める。横隔膜の筋紡錐から中枢（脳橋）に向けて多くのインパルスが発射され、吸息運動を活性化させる。特に、横隔膜を上方へ持ち上げる（弛緩）呼息運動の際には、より多くのインパルスが認められる。呼息運動が活発になれば、結果的に吸息運動も盛んになる。呼吸中枢に届いた呼吸時のインパルスは、さらに視床下部へ達し気持ちを鎮める働きをする。

最大筋力は十分に息を吸い、少し吐き出したところで止めて行うことで発揮されると報告されている。その際、息を十分吸い込まないと止息時間が短くなって、最大筋力を維持できなくなる。短距離走では、スタートとともに息を止めて、一気にダッシュし、ゴールまで呼吸せずに走る。また、遠くに物を投げるためには、息を吐き出し続け、一瞬息を止めて瞬発力を最大にしたタイミングで円盤や砲丸を放す。持久力型スポーツでは大きく深い呼吸と正確な呼吸リズムの保持が重要である。瞬発力型スポーツでは呼吸のリズム保持と息を吐ききる瞬間、最大パワーを発揮する瞬間のタイミングが大切である。南アフリカで行われているサッカーワールドカップ、ポルトガルのロナウドやアルゼンチンのメッシなど一流サッカー選手の華麗な技は、呼吸のタイミングときっと関係している筈である。

吸気時には交感神経系が賦活し、呼気が副交感神経系を活発化する。交感神経は免疫系を抑制するが、副交感神経は免疫系を亢進させる。笑いは、免疫力向上と関係するが、癌の痛みや慢性関節リウマチの疼痛にも、落語や漫才など笑いの効果が示されている。笑いは呼気で、泣きは吸気である。笑いは呼息であり、笑筋の伸張反射によりリラックスでき、精神状態を鎮静化させる。吹奏楽の演奏、詩吟、カラオケで歌うこと、長唄、浪花節やお坊さんのお経などは、すべて笑いと同じ効果（腹筋を使って息を吐くこと）がある。

横隔膜を支配するのは横隔神経（Phrenic nerve）であり、呼吸のコントロールに重要だが、Phreniaという語は、もともと精神に関係している。坐禅、気功やヨガなどの修行は、精神統一を目的とするが、呼吸リズムを整える修行であるともいえる。その修行の中で、身体を整える調身、呼吸を整える調息ならびに精神を整える調心が、三つの主要素である。呼吸の調整により、精神身体状態、すなわち心と体をコントロールできるのである。

阿吽の呼吸でコミュニケーション能力の向上を図ろう。

「サッカー」

スペインがサッカーのＦＩＦＡワールドカップで、七月一一日、初優勝した。これでスペインは八番目のワールドカップ優勝国になった。これまでの優勝国はブラジル、イタリア、ドイツ、ウルグアイ、アルゼンチン、イングランド、フランスの七ヵ国である。スペインの優勝は、全員攻撃・全員守備という「トータルフットボール」を基本にして達成され、完璧な技術と華麗なパスワークが注目された。わずかなスペースを使って、決勝点を奪ったイニエスタのシュートは見事だった。また、ゴールキーパー・カシリャスの神懸かったセーブは、感動的だった。オランダのフォワード、ロッベンとの一対一の対峙で二度もゴールを阻止できたことは奇跡的だった。勝敗は紙一重の違いだが、ゴールの阻止は神業ではなく、多くの練習と経験の賜物であるとカシリャスは述べている。また、狂いのないプレーを支えているのは、強靭な精神力とシュートの瞬間まで体勢を崩さず、どっしりとした構えのため鋭い反応ができるのだと評されている。日本サッカーも、いつの日か、スペインをお手本にして世界の頂点を極めてほしいものである。

ＦＩＦＡワールドカップは、国際サッカー連盟（ＦＩＦＡ）が主催する、ナショナルチームによるサッカーの世界選手権である。テレビの視聴者数は、オリンピックよりも多く、世界最大のスポーツイベントである。にわかサッカーファンになり、眠たさをこらえて夜間や早朝でのテレビサッカー観戦だったが、攻守の切り替えが速く、動きに退屈しない試合内容はさすがだった。世界最高レベルの技やスタミナ、精神力など熱狂を誘うものがあった。

サッカーの母国はイギリスである。一八六三年、「手を使うことを禁止する」ルールを主張していたパブリックスクールの代表者らによって、フットボール・アソシエーション(Football Association)が設立された。サッカー(soccer)は、数あるフットボールのうち、協会式フットボール(Association Football)と呼ばれた。その省略形socに「人」を意味する-erをつけたものが、soccerの語源といわれている。

サッカーは、手の使用が極端に制限されるという大きな特徴がある。ゴールキーパーはゴールを守る特別な役割を果たし、自ゴール前の一定の領域（ペナルティエリア）内に限り、手を含む全身でボールを扱うことが許される。イングランドのパブリックスクールで始められたサッカーは、一八七〇年、ロンドンにおいて世界初の国際試合がイングランドとスコットランドの間で行われた。その後、一九世紀後半のイギリスは、大英帝国として世界中のあらゆる場所に進出した。サッカーは、イギリス人が海外進出先でプレーすることにより、世界の隅々にまで伝えられた。サッカーは、ボール以外に特別な道具を必要とせず、ルールも単純なため、現在、世界各国に広く普及している。競技人口は二億四千万人余といわれている。

人類の歴史が始まってから、人類はある種のサッカーを行っていたことが、証明されている。最も古い形態のサッカーとして、中国の蹴鞠《しゅくきく》があり、日本に伝わると、独自の発達を遂げ、平安時代から続いている「蹴鞠《けまり》」がそれである。

人のヒトたる所以は、二足歩行ができるようになり、両手が開放されたことだといわれている。手の発達が文化、文明をつくり、人類はこの世の繁栄を謳歌しているのである。それなのに、わざわざ手を使わないことにして、枠の大きさを勝手に決め、そこへ球を蹴り込むだけのことに、エネルギーとお金と時間と人とを何故かけているのか、との穿った見方もある。そこは、スポーツ、語源はラテン語のdeportareにさかのぼり、「ある物を別の場所に運び去る」転じて「憂いを持ち去る」という語感、あるいはportare「荷を担う」の否定形「荷を担わない、働かない」という語感から、フランス語のdesport「気晴らしをする、遊ぶ、楽しむ」を経て、現在のsportに至った経緯がある。

たかが蹴鞠、されどサッカー！

「美《び》について」

「美」とは、広辞苑によれば『①うつくしいこと、うつくしさ。②よいこと、りっぱなこと。③（中略）知覚・感覚・情感を刺激して内的快感をひきおこすもの。「快」が生理的・個人的・偶然的・主観的であるのに対して、「美」は個人的利害関心から一応解放され、より普遍的・必然的・客観的・社会的である。』と記されている。漢字の「美」は象形文字で、羊《ひつじ》と関係している。美は、羊の角《つの》から後ろ足までの全体を写した形を表している。成熟した羊の美しさが、「美」なのである。羊と我とを組み合わせた形の漢字である義は、犠牲《いけにえ》としてそなえる羊に欠陥がなく、完全で正しいものであることを示している。犠牲として神にそなえられた羊は、美しく完全であることが求められた。その羊の美しいことを示すのが、「美」なのである。なにかしら、祭祀《さいし》の時、神との繋《つな》がり、犠牲の神事の中に美があるのだと、漢字の語源は説明している。

美を使った用例としては次のようなものがある。美しいながめを美観、顔をきれいにすることを美顔、美しいことと醜《みにく》いことを美醜《びしゅう》、顔かたちや姿の美しい女性は美女と呼ばれる。また、うまい食べ物を美食、ほめるべきりっぱな話を美談、美しい顔かたちを美貌、ほめたたえることを賛美、上品で美しいことを優美という。

四條畷学園短期大学、平成二二年夏のオープンキャンパスのテーマは「美」であり、「美しくなりたいあなたに贈る特別授業」を開講した。三人の素敵な講師をお招きして、三回シリーズで「美しい歩き方」「美しい話し方」そして「美しい所作」を学んだ。

七月二四日の第一ステージに登場されたのは、ウォーキングドクターであるデューク更家《さらいえ》先生で、テーマは「美しい歩き方」だった。一本の線上の歩き方、美しい歩きには体幹の筋力向上や仙骨を立てることの必要性、また肩まわりのストレッチングの仕方などを教えて頂き、美しい歩行の大切さを学んだ。これまで、歩き方は自分で勝手にできるもの、教えてもらう必要性を感じなかった方でも、目から鱗《うろこ》が落ちた授業だった。歩くのも、ただ歩くだけではない、量ではなく、いかに歩くか、どのように歩けばいいのかという質の大切さ、意識歩行の重要性を学んだ。歩くことは、日常生活でも常に行っている動作である。しかし、これまで一度も歩行について本格的に教えてもらったことはなく、考えてみれば基本的教育科目、ウォークをみんな忘れていた。

姿勢をよくして、美しく歩こう。そうすれば世の中も輝いてみえる。

八月七日の第二ステージには、毎日放送アナウンサーの八木早希《やぎさき》先生に、「美しい話し方」を教えて頂いた。発生練習の仕方や声を息に乗せるためには、呼吸は重要で、特に太く長い呼気練習が大切であることを教えて頂いた。アナウンサーになるためには、早口言葉の練習は必ずしも必要ではなく、むしろゆっくりとわかりやすい言葉で話すことの方が大切とのことだった。

ゆっくりと太く息を吐く練習は、発声だけではなく、試験前などのストレスに強くなると思う。緊張感のある場面で試してみてほしい。

八月二一日の第三ステージは、歌舞伎俳優の中村《なかむら》壱太郎《かずたろう》先生による「美しい所作」だった。歌舞伎界の明日を担う若きホープ、慶應義塾大学の学生で、スポーツマンであり、花火好き、素直さが伝わってくる好青年だった。歌舞伎「曽根崎心中」では、遊女お初の役を演じ、その舞台裏では、女形へのあでやかな変身の仕方を学んだ。女と男では、手、足や

歩き方に違いがあり、女役の所作など教えて頂いた。美しい所作、男女の違いなど、いつも気にして行動すると美意識が向上する。

今回、「美しくなりたいあなたに贈る特別授業」で学び覚えたこと、「美しさは特別な人にのみ宿るのではない。美は、磨《みが》かれた個性の中から生まれ意識し努力すれば、すべての人が獲得できるのである。」

「正義（Justice）」

正義とは正しいすじみち、人がふみ行うべき正しい道である。

正義は、ギリシア哲学やキリスト教では、運命、輪廻《りんね》あるいは神の予見のように、自然の摂理や超越的存在によって規律された生き方と結び付けられていた。しかし、現代の正義論では、このような宇宙論的・宗教的世界観から離れている。正義は、社会制度の根源を為す価値、公正さと結び付けられ、人間社会の枠組みの問題となっている。

「正義」とは、広辞苑によれば「社会全体の幸福を保障する秩序を実現し維持すること。プラトンは国家の各成員がそれぞれの責務を果たし、国家全体として調和があることを正義とし、アリストテレスは能力に応じた公平な分配を正義とした。近代では社会の成員の自由と平等が正義の観念の中心となり、自由主義的民主主義社会は各人の法的な平等を実現した。これを単に形式的なものと見るマルクス主義は、真の正義は社会主義によって初めて実現されると主張する。現代ではロールズが社会契約説に基づき、基本的自由と不平等の是正とを軸とした、公正としての正義を提唱。」と記されている。

「正しい行い」とは何か？　社会の価値観や個人の感情によって、常に一定ではない「正義」という概念を、ハーバード大学マイケル・サンデル教授が “Justice What's the Right Thing to Do?”（邦訳　これからの「正義」の話をしよう　いまを生き延びるための哲学）として出版した。ハーバード大学史上最多の履修者数を誇る名講義を著作にしたもので、全米でベストセラーになっていたが、日本でも多くの読者の関心を集めている。

一人を殺せば五人が助かる状況があったとしたら、あなたはその一人を殺すべきか？　金持ちに高い税金を課し、貧しい人びとに再分配するのは公正なことだろうか？　前の世代が犯した過ちについて、私たちに償いの義務はあるのだろうか？

これらはいずれも、「正義」をめぐる哲学の問題である。社会に生きるうえで私たちが直面する、正解のない、しかし決断をせまられる問題である。金融危機、経済格差、テロ、戦後補償、祖先の罪を償うべきかどうか、戦争、徴兵と傭兵の問題、代理母の問題、ヒト幹細胞と妊娠中絶、同性婚の是非、臓器売買、自殺幇助、安楽死といった、現代世界を覆う無数の困難の奥には、常にこうした哲学・倫理の問題が潜んでいる。この問題に向き合うことなしには、よい社会をつくり、そこで生きることはできない。古今の哲学者アリストテレス、ロック、カント、ベンサム、ミル、ロールズ、ノージックといった人たちの取り組みや考え方を、サンデル教授は紹介している。

そして、正義に対する三つの考え方を探っている。第一の考え方は、正義は功利性や福利を最大限にすること、最大多数の最大幸福である。この考え方には欠点があり、正義と権利を原理ではなく、計算の対象としている。ま

た、人間のあらゆる善を一つの統一した価値基準に当てはめて評価していて、個々の質的な違いを考えていない。第二の考え方は、選択の自由の尊重である。われわれが社会生活に持ち込む嗜好や欲求について、疑問や異議を指し挟むようには求めることはしないのである。ここには、道徳的価値も、生活の意味や意義も、生の質や特性も、すべて正義の領域を越えたところに存在している。第三の考え方では、正義は美徳を涵養することと共通善について判断することが含まれる。この考え方が望ましいのは、公正な社会を達成するためには、善良な生活の意味をわれわれがともに考え、避けられない不一致を受け入れられる公共の文化をつくりだす必要があることだ。所得、権力、機会などの配分の仕方において、それ一つですべてを正当化できるような、絶対的に妥当する「正義」の基準はいまだ存在していない。

正義とは何かを問い続ける作業によって、それに接近するしかないようである。

「正義の女神（Lady Justice）」

正義の女神を知っているか？

その姿は女神像として、目隠しをした女性が右手に剣を、左手に天秤を持つ姿として描かれている。司法・裁判の公正さを表す象徴・シンボルとして、古来より裁判所や法律事務所など司法関係機関に飾る彫刻や塑像、絵画の題材として扱われてきた。

正義の女神は、ギリシア神話ではテミス、ローマ神話ではユースティティアとして神話に登場している。手に持つ剣は「力」を、天秤は正邪を測る「正義」を象徴し、「剣なき秤は無力、秤なき剣は暴力」に過ぎず、法が、それを執行する力と両輪の関係にあることを表している。目隠しは、前に立つ者の姿をみないことを示し、貧富や権力の有無にかかわらず、万人に等しく適用されるべきとの「法の下の平等」の法理念を表している。女神像として剣と天秤を持った女性の目は、はじめは左右どちらにも向けられることなく、正面を見据えていた。その後、法の平等の理念が生じた一六世紀以降は、正義の女神像は目隠しをしたものが主流となった。権力を持っている者は、法と事実の前には謙虚になり、バランス感覚を身に付けなければいけないのである。何事も色眼鏡で判断してはならないことを、正義の女神は象徴している。

去る、九月二一日、障害者向け郵便料金割引制度の不正事件は、大阪地検特捜部の主任検事逮捕に発展した。証拠品であるフロッピー・ディスクのデータを改竄《かいざん》したためである。その後、前地検特捜部長と前地検特捜副部長も相次いで逮捕され、特捜部が組織ぐるみで不正したことが指摘されている。前代未聞の不祥事に、検察の機能不全が指摘されている。「法と証拠」のみに基づいて判断する、地検特捜部こそ正義の味方ではと国民は期待してきた筈である。今回の事件は、「巨悪は眠らせない」「最強の捜査機関」という特捜検察への信頼を大きく失うものである。検察官の高い信用性を裁判所が認めてきたこと、容疑を認めなければ保釈されない「人質司法」、無実を訴えるより容疑を認めて執行猶予付きの判決などを得た方が社会的損失が少ないことなど、独特の司法風土が指摘されている。市民参加で法廷証言を重視する裁判員制度が導入されているが、旧来の司法の変革がいわれている時期に、検察体制を揺るがせる事件が起こったことは偶然ではないようである。また、尖閣諸島で逮捕された中国漁船の船長の釈放も、検察の判断で突然釈放された。日中問題に大きく発展し、わが国の在り方さえ疑問視された事件になっている。

現在、日本には嘘《うそ》と悪が至るところに蔓延している。何が正義で何を信用すればよいのか、信頼を失い縁を失っている孤独な無縁社会、これが悲しいかな、現実なのだろうか。戦後、日本は、国の在り方、一人ひとりの倫理観、生き方に対する基本的理念まで喪失し、卑しくなってしまったのだろうか。

明治時代に、こよなく日本を愛し怪談など多くの作品を残した作家ラフカディオ・ハーンこと、小泉八雲は、日本ほど礼節の高い人たちのいる国はほかにないと賛辞を送った。当時、市井の人々は高い道徳観、倫理観を持って生活し、人の道に違わない生き方とは何かを教育され、生活していたのだと思う。

松下村塾《しょうかそんじゅく》で多くの幕末・明治期の指導者を育てた教育者、吉田松陰《よしだしょういん》は、安政の大獄に連座して処刑された。幕末に未曾有の大事に直面し、ひたむきに国事へと全身を傾けた青年の、辞世の一首を再度かみしめたいものである。

「身はたとい　武蔵《むさし》の野辺《のべ》に朽《く》ちぬとも　留《とど》め置《お》かまし大和魂《やまとだましい》」

吉田松陰

「河内キリシタン」

過ぎた月日は、光陰矢の如しというように早く感じ、もう年末かと思う一二月である。電光できらめく大きなクリスマスツリーをみると、師走の到来を感じる。キリスト教徒でなくても、なんだか心が浮き浮きし、にわかクリスチャンとなりクリスマスの到来が待ち遠しくなる。

キリスト教は、天文一八年（一五四九年）、イエズス会宣教師フランシスコ・ザビエルによって日本に初めて伝えられた。伝来後十数年経過するや、大東市や四條畷市の位置する河内では、織田信長や豊臣秀吉らが活躍する戦国時代、多数のキリシタンがいた。永禄三年（一五六〇年）飯盛山の城を制圧した三好長慶《みよしながよし》の城下では、多くの武士たちがキリシタンになったのである。大東市三箇や四條畷市岡山や砂には美しい教会が立っていた。戦国時代の大阪は、石山本願寺を代表する一向宗だけではなかったのである。飯盛城を中心にした地域でキリスト教は広まった。最盛期には河内だけでキリシタンが八〇〇〇人を超えていたといわれている。

ヨーロッパから来た何人もの宣教師たちが、この地を訪れ、キリスト教の教えだけでなく、多くの情報、文化や文物をもたらした。キリスト教精神やその文化へのあこがれ、かっこよさに、当地の人たちは熱狂していたことだろう。当時、河内の地は、深野池（現在は深野緑地になっているが、大きな池であった）から大阪湾、瀬戸内海を出て、中国のマカオ、インドシナのマラッカ、そしてインドのゴアに繋がっていた。さらにゴアからポルトガルのリスボン、イタリアのローマへと続いていた。まさに河内の地はローマとキリスト教を通して大きな交流があったのだ。また河内は、当時港町として栄えていた堺へ水路を利用して行けた。京都へは、東高野街道を通った。飯盛山の麓を通るルートは堺と京都間の主要な交通路であり、河内は交通の要所でもあった。

河内キリシタンを考える時には、ポルトガル生まれのイエズス会宣教師　ルイス・フロイスが書いた〝日本史〟（Historia de Japam）が大変有用である。この書物はキリスト教の日本への布教の歴史をまとめたもので、一二巻に及ぶ膨大なものだ。それを通して信長、秀吉や家康などの戦国大名の側面や当時の日本の文化や風俗も知ることができる。また、平成一四年（二〇〇二年）四條畷市田原で発見されたキリシタン城主・田原レイマンの墓碑が貴重な資料となっている。その墓碑は天正九年（一五八一年）と記銘されており、日本最古のキリシタン墓碑となっている。

四條畷学園短期大学八〇周年記念ホールにおいて、平成二二年（二〇一〇年）一一月二三日、河内キリシタンについてのシンポジウムが開催された。「波濤を越えて　ローマからはるか河内へ　河内キリシタンと飯盛山城」と題して、NPO法人摂河泉地域文化研究所が主催したものである。大東市や四條畷市、関係機関の協力や日本万国博覧会記念機構の支援によって、シンポジウムが開かれた。歴史学や考古学の第一級の研究者の報告や議論とともに、河内キリシタンの時代音楽、地域の歴史の中から生まれた詩の朗読など、まる一日有意義な時間を過ごすことができた。四〇〇年余前、戦国時代への時間の旅、河内からローマへ至る空間の旅、この時間と空間の旅を一日で贅沢に楽しむことができた。

〝地域で最高の学術と芸術を〟というキャッチフレーズが心に伝わってきた。

大東、四條畷を語る時、今後は、河内キリシタンを述べずには語れなくなるだろう。

地元の人であっても、河内キリシタンのこと、戦国時代に輝いていた飯盛山城とその麓に住んでいた人々のことをあまり知らないのではと思う。

クリスマスの夕べには、家庭で、学校で、職場で、また地域で河内キリシタンについての会話が飛び交うことが地域文化の醸成になるものと思う。

地元の豊かな歴史を知り、誇りに思い、愛着を感じ、生活、勉強、仕事する、また悦ばしからずや。

「飯盛山」

「飯盛山のおひさまに、お窓をあけておはようさん。」

これは、四條畷学園大学附属幼稚園の校歌のはじめの一節である。

飯盛山の麓にある四條畷学園は幼稚園、小学校、中学校、高等学校、短期大学、大学のいずれの校歌にも飯盛山が盛り込まれ、歌われている。

飯盛山は大東市と四條畷市にまたがる、標高三一五・九ｍの美しい山である。そこには、現在、在阪ＦＭラジオ局の送信塔が建っており、麓からみた山頂の目印になっている。

頂上には、飯盛山城の遺構が残っている。中世の山城としては、かなり大きな部類に属し、強固な要塞であったものと思われる。そこには、楠木正行公の石像が立っている。楠木正行公は正平三年／貞和四年（一三四八年）四條畷の戦いで、高師直《こうのもろなお》率いる北朝軍に敗れ自害したと伝えられている。山麓に鎮座する四條畷神社の祭神として、楠木正行公は祀られ、人々の崇敬を集めている。

南北朝時代から二〇〇年余の時を経て織田信長や豊臣秀吉が活躍した戦国時代には、幾多の合戦を経て、永禄三年（一五六〇年）、三好長慶《みよしながよし》が飯盛山城を居城と定めた。三好長慶は飯盛山城の大規模な改修作業を実施し、現在、それは城郭跡として残っている。室町幕府、足利将軍の影の実力者としての実権を三好長慶は掌握、畿内一体を支配した。最盛期には畿内と四国の東部を併せた九ヵ国を支配下に置き、有力な戦国大名となった。

現在、飯盛山の山頂からは眼下に広く大阪平野をみることができ、六甲山や淡路島も眺められる。戦国時代には、麓に東高野街道が通り、京都や和歌山の高野山へも通じていた。ここからは奈良も遠くはない。また、眼前には大きな深野池（現在は、深野緑地になっている）があり、水路を通って大阪にも行けた。また、大阪湾に出ると堺や四国をはじめ全国各地に行くことができた。飯盛山は京都、大阪、奈良にも近く、その中心的な地所であったといえる。この地は畿内を治めるためには戦略上も通行上も大変重要であり、人、物、文化、経済の交流が行き交った要衝地だった。三好長慶が飯盛山城主の頃、現在の大東市や四條畷市などの河内には多くのキリシタンが活動し、その数八〇〇〇人余といわれている。池の畔には美しい教会が聳え、行き交う人たちの心を捉えたこと、イエズス会宣教師ルイス・フロイスは書簡日本史（Historia de Japam）の中で述べている。当地からは、波濤を越えて、はるかローマへも行くことができたのである。中国、東南アジア、インドから、アフリカの喜望峰を回る行程であり、大変な長旅だった。伊東マンショ、千々石ミゲル、原マルティノ、中浦ジュリアンの天正遣欧使節団は、天正一〇年（一五八二年）から八年かけて日本とローマを往復した。話題の小惑星探査機〝はやぶさ〟は、六〇億㎞宇宙の旅を終えて、平成二二年（二〇一〇年）六月一三日地球に帰還した。内之浦宇宙空間観測所から打ち上げられたのは、平成一五年（二〇〇三年）だったから、〝はやぶさ〟は七年間の宇宙旅行をしたことになる。時間軸を考えると、科学技術の目覚ましい進歩、発展によって、過去四〇〇年間で戦国時代から今を考えると空間が非常に大きく拡大してきたことが実感できる。

飯盛山城は、その後台頭、活躍して上洛を果たした織田信長によって、天正四年（一五七六年）に落城してしまった。

歴史上、飯盛山城は燦然と輝いた時期があったのだ。それも南北朝ならびに戦国時代という激動の時代、歴史上画期的なことが飯盛山城をめぐって繰り広げられ、その戦いの決着が、その後の日本の歴史を変えてきたともいえる。

四條畷学園大学附属幼稚園の校歌の三番を歌ってみよう。

「飯盛山の　つよい風
まけない　げんきな　おともだち
お空に向って　ぐんぐんのびる
おおきくなあれ　じょうぶなこ
ぼくも　わたしも
ラン　ラ　ラン　ラ　ラン
しじょうなわてがくえんだいがく
ふぞくようちえん」

飯盛山のおひさまに、平成二三年辛卯《かのとう》（二〇一一年）元旦、両手を合わせて国家のご安泰とご繁栄、皆様のご健勝とご多幸をお祈りする。

「本《もと》立《た》ちて　道《みち》生《しょう》ず」

「本立ちて　道生ず」は、論語学而第一の（二）にみられる言葉である。その意は、「教養人は〈人間としての根本〉の修養に努力する。そして根っこがしっかりしていれば、生きかた〈ひととしての道〉がわかる。」ということである。

論語が今、注目をあびている。その素晴らしさは、人の生き方はこうあるべきだということを端的に述べているからだろう。物ごとの本質が簡潔にとらえられる。論語を通して、人としての正しい生き方とはどういうものかということを知ることができる。善悪の判断基準を心の奥底に刻むには、朗誦することを習慣化すれば効果的である。何しろ、二五〇〇年の風雪に耐えてきた言葉には、一つひとつに深い重みがある。人間としての生き方を教われば、骨太の人間になれる。徳育をしっかりと身に付けた人は、曲がった方向には行かない。

「教育は国家の基礎」ということには、誰も異論はない。しかし、教育現場では、受験を考えない初等・中等教育は基本的には考えられない。高等教育では就職抜きにはできない。

就職が人生の目標のようになっている。卒業後、就職できることは人生の一面で大切なことである。しかし、就職は人生の目標達成のための手段であって、最終目標ではないはずである。

経済が混乱し、不安定な今の日本社会では政治、経済、社会やこれまでの常識、成功体験などが通じず迷走、混沌状態である。戦後六五年、日ソ冷戦終結後から二〇年を経た今日、社会は大きく変化している。テレビもアナログからデジタルに変わった。六〇年ほど前に石炭から石油に変わったエネルギー革命は、今や石油から水素や電気に変わろうとしている。ITなどの情報伝達も急速に変化普及して、社会生活全般に関わってきている。

人生とは何か、生きる目標は何か、そのためにいかに生きるべきかということを学び、実践すること、「ひととして生きる」ことは極めて重要である。現在、高等教育の現場では実学重視、一般教養科目軽視のため、哲学などいわゆるリベラル・アーツの学習時間が少なくなっている。

明治時代の思想家、教育者である新渡戸稲造は、前の五千円札の肖像モデルとしても知られている。明治の時代、新渡戸は拝金主義や人種差別のアメリカの現実に失望するも、キリスト者の倫理観の高さに感銘を受けた。その際、「日本人のアイデンティティ」とは何かを考えた。「それは武士道である」との見解に至った。BUSHIDO: The Soul of Japan として、明治三三年（一九〇〇年）、英文で著書を刊行した。ルーズベルトやケネディ大統領も愛読者となり、「Bushido」は、今でも世界でそのまま通じる言葉になっている。武士道は、日本を表徴する桜と同じように、わが国固有の花であると述べている。武士道とは、「君に忠、親に孝、自らを節することに厳しく、下のものには仁慈をもってする。敵に憐みをかけ、私欲を忌み、公正を尊び、富貴よりも名誉をもって貴しとなす。」が、道徳の基本である。日本人には武士道精神があり、倫理観が高く、一人ひとりが社会への義務を負うように教育されている、と新渡戸は説明している。

自ら決断した上で行動し、その結果を自己責任とし、その結果を甘んじて受けるなど武士道精神は、基本的で大切な考え方、生き方である。

日本は今、新渡戸稲造が述べた武士道などの日本人としての精神的基盤を失い、元気がなく、活気を失ってはいないだろうか。日本の、日本人の潜在力、ポテンシャリティーは世界に誇れる。商品、技術、文化、芸術、スポーツなど自慢できるものが数多くある。もっと自己肯定力、自分への自信を持ってもよいのではないだろうか。

「孝弟《こうてい》はそれ仁《じん》の本《もと》為《た》るか」　論語学而第一の（二）

父母に尽くし目上を敬うこと、すなわち〈孝弟〉が、〈仁〉すなわち人間愛という生き方の根本である。

「物に本末《ほんまつ》あり」

物には、本末がある。本末とは、もととすえのことであり、物事の根本と末梢ということである。基本的に大切なものと、どうでもよいもののことである。

木でいえば根が本であり、枝葉が末である。人間でいえば徳性が本であり、知識や技能は末なのである。人間形成のためには、まず徳性を磨くことがなによりも大切である。徳とはよい行いをする性格、身に付いた品性や人を感化する人格の力をいう。知識があること、お金を持っていることや美しく着飾ることなどは、必ずしも人としての本ではないのである。

サッカー、野球、ゴルフなどいろいろなスポーツがある。レクリエーションからプロフェッショナルレベルまで幅広く行われ、楽しまれている。それぞれの競技能力の違いは何によって決まるのだろうか。近年、身体の運動や動作解析によりわかってきたことがある。スポーツでは手や足を使うので、上肢や下肢の筋力アップやスピード性はもちろん大切である。が、もっと重要で鍵になる点は、体幹の筋力がしっかりとしていること、体勢保持と安定性だと指摘されている。競技パフォーマンス向上には、腸腰筋や肋間筋など体幹部を保持する筋力の向上が必要であり、競技能力と体幹力とは強く関係しているといわれている。平成二二年(二〇一〇年)一一月、広州で行われたアジア選手権で一〇〇mと二〇〇mの短距離二冠を達成した福島千里選手の走りは、ほかのどの選手よりも体の軸がぶれず、安定している。短距離走でも下肢筋力だけで勝負をしているのではないのだ。われわれの身体を考える場合に、体幹部を本、上肢や下肢を末と考えれば、体幹、体軸の安定性がスポーツ活動の本であると考えられる。

年を取ると「立つ」「歩く」といった動作が困難になり、転びやすく、骨折などの危険性が高まる。骨や関節・筋肉や動きの信号を伝える神経が衰えるためだ。「ロコモティブシンドローム」（運動器症候群）、略して〝ロコモ〟と呼ばれている。ロコモはメタボリックシンドローム、略して〝メタボ〟と並ぶ、深刻な社会問題として最近注目されている新しい考え方である。メタボの原因が内臓脂肪の蓄積であるのに対して、ロコモは運動機能低下が原因で起こる。どちらも高齢化社会では、注目すべき国民病である。

ロコモの主原因は三つある。「バランス能力の低下」「筋力の低下」そして「骨や関節の病気」である。

運動能力の維持向上を目的に、三つのロコモ・トレーニングが推奨されている。

① 片脚立ちを左右一分間ずつ、一日三回行う。

② スクワット、一セット五―六回、一日三回行う。

③ ウォーキング、ストレッチやいろいろなスポーツ活動を行う。

ロコモ・トレーニングでも、体幹の安定性確保が最も重要視されている。

誰でもいつでもどこでも可能で、運動習慣がない人でもできるのは、姿勢の保持や体幹の安定性獲得なのである。

国の政治においても、本末がある。政治家としてのぶれない

発言、実行力や予見力など、今の日本には何よりも求められている。不適切な発言や行動をする政治家が少なくない時代になっていないか。

本末転倒とは、根本的な事柄とささいな事柄とを取り違えることをいう。

何が本で、何を末と考えるか、理解しているようで案外忘れている。

教育の世界ではどうだろうか。知識や技能の修得だけに熱中していないか。挨拶、マナーや躾など人間力を磨く努力、教育の本を忘れていては、何事にも強くなれない。

「物に本末あり、事に終始《しゅうし》あり。　先後する所を知れば、則《すなわ》ち、道に近し」

(物には必ず本と末があり、事には必ず終わり始めがある。何を先にし、何を後にするかをわきまえ実行すれば、人の道を踏み外すことはない)

『大学』

「八百長《やおちょう》」

八百長とは、「いんちき」の意味である。まともに争っているようにみえるものの、あらかじめ示し合わせた通りに勝負をつけることである。八百長問題が発覚し、大阪で開催予定の平成二三年（二〇一一年）大相撲春場所は中止となった。相撲界での野球賭博捜査中、力士の携帯電話から八百長取引が判明したためである。八百長相撲のビデオをみても、あらかじめ知っていなければ、普通の相撲と何ら変わりない。かえって、面白く中味のあるようにみえる相撲であるから不思議である。

八百長の由来は、明治時代の八百屋の店主「長兵衛《ちょうべえ》」であるといわれている。長兵衛は通称「八百長」といい、相撲の年寄「伊勢ノ海五太夫」の囲碁仲間だった。囲碁の実力は長兵衛がまさっていたが、八百屋の商品を買ってもらう商売上の打算から、わざと負けたりして伊勢ノ海五太夫の機嫌を取っていた。ある時、回向院近くの碁会所開きの来賓として招かれていた本因坊秀元と長兵衛が互角の勝負をしたために、その実力が知れわたった。その後、わざと相撲で負けることを「八百長」というようになった。そして、事前に示し合わせて勝負をする意味も含まれるようになり、相撲以外の勝負でも「八百長」という言葉は使われるようになった。

大相撲は興業ではあるが、すじ書きのある勝負になっているのであればプロレスと同様ではないかとの批判がある。相撲はスポーツの側面もあるが、神事、伝統芸、格闘技などいくつもの顔も持っている。また「女性を土俵に上げない」といった、かたくなな面も持っている。大阪府知事が太田房江氏の時代、大阪府知事賞を優勝力士に渡すために女性知事が土俵に上がることの是非で議論になった。土俵は、今でも女人禁制の場なのである。

相撲の歴史は古く、皇室とも深く関わっている。「日本書記」によれば、大和国当麻村出身の当麻蹴速《たいまのけはや》と出雲国の勇士、野見宿禰《のみのすくね》が垂仁天皇七年（紀元前二三年）七月七日に捔力《すまひ》（相撲）をとった。野見宿禰が当麻蹴速と蹴り合いとなり、宿禰が蹴速の腰の骨を踏み折って勝ち、蹴速は死んでしまったといわれている。野見宿禰は、当麻蹴速が持っていた大和国当麻の地（現在の奈良県葛城市當麻《たいま》）を獲得し、以後、垂仁天皇に仕えたといわれている。古代の相撲は雌雄を決する「ガチンコ」勝負、生死をも争う真剣勝負であったのである。

古来、五穀豊穣を祈願したり吉凶を占う神事として、日本文化の中で相撲は生き続けてきた。相撲興業としては江戸時代初期から盛んになり、各藩はお抱えの力士を持ち、庇護した。時代の大きな変化の時には存亡の危機を経験し、明治維新では文明開化に伴って相撲禁止論まで出たことがあった。その時、明治天皇や伊藤博文など明治の元勲が相撲を支援し、昭和初期には将官たちにも愛された。大戦後には、相撲も焼け跡から、文字通り裸一貫からの復興になった。昭和三〇年代（一九五〇年代半ば）は栃錦と初代・若乃花が活躍する栃若時代となり、ラジオやテレビの普及も手伝い相撲人気が高まった。柏戸と大鵬が活躍した柏鵬時代や、若乃花と貴乃花による若貴ブームでは日本中が湧きあがった。平成の時代に入ると外国人力士が活躍し、曙や武蔵丸などハワイ勢が力をつけてきた。朝青龍や白鵬などのモンゴル勢やヨーロッパ勢の活躍が後に続き、今日に至っている。日本社会での特殊集団である相撲社会が国際化を遂げ、外国人でありながら言葉、風習、伝統など日本人以上に日本に溶け込んでいる状況がみられる。しかし、急激な国際化を迎えて、多くの問題を相撲界は抱えてきた。時津風部屋での力士暴行死事件、大麻問題、野球賭博問題などなど不祥事が続発し、日本相撲協会はその権威と信頼を失ってきた。

大相撲での八百長問題は、今に始まったことではない。以前から、週刊誌の内部告発記事などで話題になっていた。大相撲の世界に八百長はあるものだと、相撲を本当に知っている人には暗黙の納得があったのかもしれない。見方によっては、日本社会に存在している「タテマエ」「ホンネ」、すなわち、ガチンコが「タテマエ」になり、八百長が「ホンネ」である、その逆もまたありうる融通無碍な構造としてこれまでの相撲を理解することもできる。相撲界には、ガチンコも八百長もある情味のある世界として容認し、楽しむという独特の技芸として存在、発展してきたのだろうか。

相撲協会は文部科学省の管轄下にある財団法人である。

そのわけは、「わが国固有の国技である相撲道を研究し、相撲の技術を練磨し、その指導普及を図るとともに、これに必要な施設を経営し、もって相撲道の維持発展と国民の心身の向上に寄与することを目的とする」ためである。大相撲は、〝生きている歴史的文化的遺産〟とも考えられる。相撲道がなぜ日本固有の花といえるのか、今、その特有の技芸、国の代表的な競技としての精神や在り方が問われている。

「TSUNAMI」

津波はもともと日本語だが、現在広く国際的に“Tsunami”と呼ばれている。

津波は海底での地震、海底火山の活動や隕石の海洋への落下などの要因で引き起こされる。海岸線に到達した際、特にリアス式海岸では高波になりやすく、被害も甚大になることがある。

平成二三年（二〇一一年）三月一一日に発生した東日本大震災は、マグニチュード九・〇という巨大地震だったが、大津波による被害そして原子力発電所からの放射能漏れが続いていることで事態は深刻化している。

災害に遭遇された方々へは、心よりお悔やみとお見舞いを申し上げる。

一刻も早い事態の収束を願うとともに、国民総力をあげた復旧そして復興への取り組みが期待されている。

東日本大震災は、長さ五〇〇㎞、幅二〇〇㎞に及ぶプレートが動いたため被害が激甚で広範囲となった。日本へのさまざまな活動の影響は計り知れないものとなっており、時代の変節点、歴史的な大震災に、今、私どもは直面している。国際的な影響も非常に大きく、日本のことが世界の関心事になっている。

“Tsunami”という語を初めて使ったのは、小泉八雲（ラフカディオ・ハーン）である。その作品は「生神」（A Living God）の物語で、明治三〇年（一八九七年）に出版した著作集「仏の畠の落ち穂」（Gleanings in Buddha-Fields）に収録された。地震後に沿岸の村をのみ込んだ巨大な津波から村民を救い、「生き神様」として慕われている村の長者「浜口五兵衛」の物語を紹介したものである。

この作品は、明治二九年（一八九六年）六月、東北地方の宮城・岩手・青森を襲い幾多の人命を失った明治三陸地震による大津波の情報が契機となった。物語は、安政元年（一八五四年）に起きた安政南海地震津波の時に、紀伊国広村（現在の和歌山県広川町）で起きた故事をもとにしている。

村の高台に住む長老の五兵衛は、地震の揺れを感じた後、海水が沖合へ引いていく不思議な光景を目撃した。こんな様子をみた憶えはこれまでになかったものの、子供の時分、祖父がいろいろと話して聞かせてくれたことの記憶が幸いした。津波の来襲に、五兵衛は気付いたのである。海岸のそばで祭りの準備に心奪われていた村人たちに急いで津波の危険を知らせるために、自分の田んぼにある刈り取ったばかりの稲の束、「稲むら」に松明で火をつけた。村人たちを一刻も早く高台に集めるためだ。火事とみて消火のために村人たちがやってきた。その直後、村人たちの眼下で津波が猛威をふるったのである。五兵衛の機転と犠牲的精神によって、村人たち四〇〇名全員が津波から守られた。

助けられた村人たちは五兵衛老人のことを神様だといって「浜口大明神」と呼び、尊崇した。村が旧に復した時、一宇の堂が神社として建てられ、五兵衛老人は祀られた。「五兵衛大明神」は、まさしく「生神」(A Living God)となったのである。

この作品“A Living God”を読んで感銘を受けた和歌山県湯浅町出身の小学校教員 中井常蔵は、これを児童向けの物語にするために翻訳、再構成した。“A Living God”は「稲むらの火」と題され、昭和一二年(一九三七年)から昭和二二年(一九四七年)まで小学校国語の教科書として使われた。「稲むらの火」は、六四年ぶりに平成二三年度から再び小学生向け教科書に採用され、防災の大切さについて学ぶ機会になっている。

小泉八雲は、明治二七年(一八九四年)二月二七日土曜日、神戸クロニクル論説集で「地震と国民性」について語っている。その中で、日本人への賛辞を送っているので紹介する。

「日本に定期的に起こる大災害の後に見られる日本人の素晴らしい回復力、あるいは苦難に際しての見事な忍耐力を称賛する。実際、回復力も忍耐力も独特なものである。何千年にもわたって日本がまったく同じように苦しんできたことを考えると、異常な条件が国民性に何らの影響を及ぼさなかったと信じることは難しい。その特殊性として〝不安定〟という言葉があてはまる。自然の〝不安定〟に人工的な〝不安定〟（当時の木造家屋などを指している）を対置させることで、日本人は環境の厳しく荒々しい条件に対処してきたようである。その一つの結果として根気、忍耐力、環境への自己順応性といった類まれな国民の能力の形成を予想できる。

　日本が信じられないほどの短期間に、西洋が提供できたすべてのものを受け入れ、消化し、利用できたのは、その社会の非常に変わりやすい性質によってである。それを利用することによって日本は、定期的に国土を荒廃させる恐ろしい突然の災害から、より効果的に自己を守る手段をやがて見出すだろう。」

「プロメテウスの火」

人は火を使いこなすことによって、文化・文明を発展させてきた。

ギリシア神話によれば、プロメテウス（Prometheus）がゼウスの神殿から火を盗み出し、人に火を与えたのだといわれている。プロメテウスはギリシア神話に登場する神で、その名の由来は、pro（先に、前に）＋metheus（考える者）、すなわち〝先見の明を持つ者〟〝熟慮する者〟の意である。

プロメテウスは灯心草（オオウイキョウ）を持って天界に上り、太陽神の燃える車輪にそれを押しつけて火を移し、それを地上に持ち帰った。以来、人は火を得て、これを用いる方法もプロメテウスから教えられた。夜は明かりを灯すようになり、物を煮たきして食べる術も知った。道具をつくるためにも火が役に立つことを学んだ。火の使用が、人と動物とを分ける革命的な出来事であったのである。

さらにプロメテウスが人にもたらしたものは、火ばかりではない。家を建てること、気象を観測すること、文字を書くこと、数を数えること、家畜を飼うこと、船を造ること、すべてプロメテウスが伝えてくれた智恵だった。

人の賢さはなにもかもプロメテウスから由来している、といっても過言ではない。その結果、プロメテウスはゼウスの怒りを買い、屈辱的な刑罰を受けた。世界の果て、コーカサスの岩山に鎖《くさり》と枷《かせ》で縛りつけられた。そして、生きながらにして毎日、肝臓をハゲタカにつ いばまれるという責め苦を受けた。昼に食われた肝臓は、夜の間になんとか回復したためにプロメテウスの苦しみはやむことがなかったのである。後に、ヘラクレスによって解放されるまで半永久的に拷問が行われた。プロメテウスは人のために受難し、責め苦に耐えたのだといえる。

神々からプロメテウスが盗んだ火は、物みなすべてを貪《むさぼ》り尽くすまで、疲れることなく燃えつづける生き物のようである。

太古の昔、火を扱うことを覚えた人間は、現代では原子力の火を扱うようになった。原子力は炭酸ガスを排出せず、クリーンで莫大なエネルギーが得られ、限りある石油だけにエネルギー依存する必要がないなど多くの利点を持っている。現在、日本では五四基、世界では四三四基の原子力発電所が稼働している。

平成二三年（二〇一一年）三月一一日に起こった東日本大震災による地震と津波が原子力発電所を壊し、現在、福島原子力発電所からの放射能漏れが大問題になっている。放射能は、空間とともに時間的にも多大な影響があり、目にみえないものであることが問題を困難にしている。空間的にどの場所にまで影響が及ぶのか、自国だけにとどまらず他国へも波及し、また、空気、水、土壌などにどのように蓄積するのか未知の部分も多く、予測困難な問題が生じている。時間的には数年から数十年、数百年にも影響が及ぶ可能性があること、親から子、子から孫へと、子子孫孫に影響が累計することが不気味である。

原子力はまさに神の領域の火ともいえる。

どのような科学技術でも功罪両面があり、使い方を誤ると大変なことになる。

原子力発電所には、特に、天変地異の災難、災害を想定した安全性、対応性が求められるはずだった。日本のように地震や台風など自然災害の多い国では不安定さがキーワードなので、危険性や問題が生じた時、迅速で、的確な対応が必至の課題である。

地震や津波の危険性がほかよりも極めて高いという理由で、平成二三年五月六日、菅直人首相は、静岡県にある浜岡原子力発電所の運転停止を要請した。

人の手に渡された火は、あるゆる技術の源になった。が、そのことがまた、人に額《ひたい》に汗して働くこと、災いを宿命付けることにもなっている。

科学技術をすべて危険視し否定するだけでは、現代生活は維持できない。

人の生とはこのように両面価値があることを認めつつ生きることにほかならない、という考え方を、ギリシア神話は〝プロメテウスの火〟として教えているのである。

「パンドラの壺」

東日本大震災が発生した後の日本は、先行き不透明感や不安感が先行し、なんとなく元気を失い活気をなくしている。社会や国の活力は、一人ひとりが希望を持って生きることから始まるのである。

どんなに困難な状況であっても、希望は私たちを楽しい小径《こみち》を経て、人生の終わりまで連れていってくれるのである。

ギリシア神話が語る〝パンドラの壺〟についての話を紹介する。

パンドラは、全能の神ゼウスから人間界に送られた贈り物であり、初めての女性だった。地上にはそれまで女性がいなかったのである。パンドラはエピメテウスの妻となった。エピメテウスは、人に〝火〟を贈り、さまざまな智恵を伝えてくれたプロメテウスの弟である。

パンドラという名は、〝パン〟が〝すべての〟、〝ドラ〟は〝贈り物〟の意であり、神々からの〝すべての贈り物〟としてこの世につかわされた女性だった。美の女神アフロディテからは、雅びな美しさと触れなば散らんといった媚態《びたい》を授けられ、奸智《かんち》にたけたヘルメスからは恥知らずの心と小ずるい知性を与えられ、芸術の女神アテネからは、身を美しく装う技術をゆだねられていた。エピメテウスは素敵な女性パンドラに有頂天になり幸せで満足な生活を送った。パンドラはエピメテウスのために献身的に働いた。糸を紡ぎ衣服をつくり、庭の手入れや料理をつくり、夜はエピメテウスのために竪琴《たてごと》を弾き歌を歌った。

パンドラが地上に降りて来た時、一つの壺をたずさえていた。神々がくださったのだ。パンドラ自身その中になにが入っているのかわからなかったが、決して開けてはいけない、といわれていた。幸せな日々を過ごしていたパンドラだが、ある日、もらった壺の中になにが入っているのか、非常に興味を持った。長く迷ったが、とうとう我慢ができなくなり壺の蓋を動かしてしまった。その瞬間、壺の中からもやもやと怪しい形のものが立ち昇り、周囲を満たし、たちまち四方に飛び散った。パンドラはなにやら悪しきものであると気付き、あわてて壺の蓋を閉じた。

パンドラの壺から飛び散ったものは、病気、悪意、戦争、嫉妬、災害、暴力など、ありとあらゆる〝悪〟だった。壺の中のものは、あらかた飛び散り、その底にたった一つのものだけが残った。〝壺〟の底になんとか残ったものは〝希望〟だった。

それまでの地上には、なにひとつとして邪悪なものはなかった。人間たちはいとも穏やかに、幸福に暮らしていた。しかし、いったん壺の中から諸悪の根源が飛び散ってしまってからには、もうこれを取り押さえることはできない。さまざまな悪は地上に広がり、人間たちは不幸に身を晒《さら》さなければいけなくなったのである。

厳しい状況下でただ一つ、〝希望〟だけは残った。数々の不幸にさいなまれながらも、私たちが希望だけを拠りどころとして生きていけるのは、このためなのだ、とギリシア神話は教えている。

全能の神ゼウスは人間たちがあまりに賢くなるのを好まなかった。智恵を授けられ、次第に賢くなる人間たちを眺め、そこで〝一つ懲らしめてやれ〟とばかりに地上に贈った、謀《ぼう》略《りゃく》のプレゼントが〝パンドラ〟だったのである。

現在、科学技術が急速に進歩し豊かな生活を謳歌《おうか》している一方、われわれの日常至るところに〝パンドラの壺〟は存在するのではないだろうか。

災害などの極限状態、社会からの孤独感、家族や親友、家屋、仕事の喪失など、今の日本の状態は〝パンドラの壺〟が開かれた状況である。

未来への希望を失った時、人は絶望に陥る。


「教育とは希望を語ることであり、学習とは誠を胸に刻むことである」

アラゴン　詩人

「なでしこジャパン」

サッカー女子ワールドカップで、日本が優勝した。歴史に残る快挙である。

日本女子代表が平成二三年（二〇一一年）七月一七日（日本時間一八日未明）、ドイツのフランクフルトで世界ランク一位のアメリカに勝ったのである。体格やパワーで勝るアメリカ相手に、チームワークのよさと諦めない気持ちを持った日本が勝利した。決勝戦はアメリカの猛攻にさらされ常に先行されたが、その都度、宮間あや選手や澤穂希《さわほまれ》選手が執念のゴールを決め、追いついた。一二〇分では二対二の同点で決着がつかず、PK戦になった。PK戦では、ゴールキーパー海堀あゆみ選手が右に左に飛んで二本もキックを止め、三対一でPK戦を制した。神がかり的で奇跡的な勝利だった。

なでしこジャパンの「折れない心」「不屈の闘志」が日本のみならず、世界中に感動を広げた。今回の勝利は体格やパワーでの違いだけでなく、女子サッカー界の置かれた環境や人気など多くの劣勢を跳ね返しての頑張りの結果であるから称賛に値する。

サッカーは男だけのスポーツではなかったのである。

一五歳で日本代表デビューしてから一八年間、日本女子サッカー界を背負ってきたのは、澤穂希選手である。澤選手の名前、穂希には深い意味が込められているとのことだ。澤選手の生まれは昭和五三年（一九七八年）九月六日だが、その年は雨が全く降らない記録的な日照りの年だった。「福岡市大渇水」など厳しい気候に日本はあえいでいた。「穂希」には「五穀豊穣」と「希望」の意味を、「ほまれ」には「名誉となることを成し遂げる人になってほしい」という願いがあった。名前の通り、誉れ高き世界一になったのだから、名付け親は感慨ひとしおのことだろう。

東日本大震災で苦境下にある、われわれ日本人は、なでしこジャパンから勇気と喜びを頂いた。なでしこたちは、試合の前後に大震災への復興支援に謝意を表す「世界中の友へ、皆さまの支援に感謝します」と英語で書かれた横断幕を手にピッチを周回した。なでしこ（撫子）はナデシコ科の草本の総称であり、秋の七草の一つである。八月から九月頃、淡い紅色の花を開き、日当たりのよい草地や川原などに自生している。

なでしこは「撫でし子」と語意が通じることから、しばしば女性にたとえられ古くから和歌などに詠まれてきた。枕草子では、「草の花はなでしこ　唐のはさらなり　やまともめでたし」とある。やまとなでしこ（大和撫子）という言葉は、素敵な日本女性を表現する代名詞としても使われている。

なでしこは踏まれても踏みつぶされてもへこたれない、自生の強さも持っている。まさしくサッカー女子ワールドカップで優勝した、なでしこジャパンの姿である。そこには日本女性の芯の強さや、ひたむきさが宿っているのだ。

これからの日本の復旧・復興は、やまとなでしこ、すなわち日本女性一人ひとりの不屈の闘志、がまん強さ、そして前向きな明るさがある限り、必ずや成し遂げられると思う。

がんばれニッポン　やまとなでしこ世界一！

「恐山《おそれざん》」

平成二三年（二〇一一年）八月の夏休み、青森へ旅行した。

下北半島と津軽半島を周遊した。

恐山は、青森県下北半島の中央にそびえる霊峰である。滋賀県の比叡山、和歌山県の高野山とともに恐山は日本三大霊山の一つに数えられている。

貞観四年（八六二年）慈覚大師円仁は「東に向うこと三十余日、霊山あり　その地に仏道をひろめよ」との夢のお告げに従い、諸国を行脚、そして辿り着いたのが、この地、恐山であるといわれている。大師は地蔵尊一体を刻し、一宇を建てて本尊として安置して仏道教化に精進された。

恐山は一万年以上前に噴火した火山のため、周囲では現在でも水蒸気や火山性ガスの噴出が盛んである。植物は育たず硫黄臭と荒涼とした景観は地獄絵に似ている。地獄を表すものが一〇八つもあるようだ。恐山の境内は死後の世界にたとえられ宇曽利湖《うそりこ》（恐山湖）の浜辺は極楽浜、正津川は三途川と称されている。死んだ人の霊魂は恐山に集まり、やがて浄化して天に昇ると信じられている。そのため恐山の例祭にはイタコが死者の御霊を呼び、口寄せが行われており、現在でも多くの人が集まる。恐山では一山を巡ることで、極楽や地獄の様子をすべて体感することができる。

また、境内には温泉が湧いており、無料で入浴を楽しむこともできる。

イタコとは「口寄せ」により、死者の世界にいる祖先や肉親・友人・知人と、現世に生きる人との仲立ちをして、今は亡き人の意志を伝達するために「仏降ろし」をする人である。生来あるいは幼くして盲目・半盲目になってしまった女の子が、生活の糧のために師匠のイタコに弟子入りして、苦しい修業を経て、能力を身に付けられればイタコとして独立できるのである。

下北半島の恐山におけるイタコは、シャーマンの一例として考えられている。シャーマンとは、トランス状態に入って超自然的存在（霊魂、神霊、精霊、死霊など）と交信する現象を起こすとされる職能・人物のことである。古代日本、邪馬台国女王の卑弥呼《ひみこ》もシャーマンであって、「鬼道」を用いたといわれている。日本の宗教的信仰の基底が昔から今に至るまで脈々と繋がっていることを考えると、われわれの精神世界はあまり変化していないのではないかと思う。
一千年の永きにわたり、「人は死ねばお山（恐山）へ行く」と素朴に信じられており、さまざまな祈りの姿が現在でも繰り広げられている。

今は亡き肉親の菩薩をとむらうため
故人の霊としみじみ語り合いたいため
自分の信仰心をより一層深めたいため

本州の最果て、北の大地は海の幸、山の幸や農作物が豊かだが、祈りの大地でもある。

「北のまほろば」

太宰治の『津軽』は、昭和一九年（一九四四年）に発刊された。その一部を紹介する。

『津軽の歴史は、あまり人に知られていない。陸奥も青森県も津軽と同じものだと思っている人さえあるようである。無理もないことで、私たちの学校で習った日本歴史の教科書には、津軽という名詞が、たった一ヵ所に、ちらと出ているだけであった。すなわち、阿倍比羅夫の蝦夷討伐のところに、「孝徳天皇が崩ぜられて、斉明天皇がお立ちになるや、中大兄皇子は、引き続き皇太子として政をおたすけになり、阿倍比羅夫をして、今の秋田・津軽の地方をたいらげしめられた。」というような文章があって、この比羅夫のところの他には津軽なんて名前は出て来ない。皇紀五七三年の四道将軍の派遣も、北方は今の福島県あたりまでだったようだし、それから約二百年後の日本武尊の蝦夷ご平定も北は日高見国までのようで、日高見国というのは今の宮城県の北部あたりらしく、それから約五百五十年くらい経って大化改新があり、阿倍比羅夫の蝦夷征伐によって、はじめて津軽の名前が浮び上がり、また、それっきり沈んで、奈良時代には多賀城（今の仙台市付近）秋田城（今の秋田市）を築いて蝦夷を鎮められたと伝えられているだけで、津軽の名前はもはや出て来ない。平安時代になって、坂上田村麻呂が遠く北へ進んで蝦夷の根拠地をうち破り、胆沢城《いざわじょう》（今の岩手県水沢町付近）を築いて鎮所となしたとあるが、津軽まではやって来なかったようである。

結局、もう、何も無い。私たちの教科書、神代のことは申すもかしこし、神武天皇以来現代まで、阿倍比羅夫ただ一ヵ所において「津軽」の名前をみつけることが出来るだけだというのは、まことに心細い。いったい、その間、津軽では何をしていたのか。ただ、裾をはたいて座り直し、また裾をはていて座り直し、二千六百年間、一歩も外へ出ないで、眼をぱちくりさせていただけの事なのか。』

青森県津軽（五所川原市金木町）出身の作家、太宰治は故郷を旅行、その歴史を振り返り嘆いている。

しかし、『いやいや、そうではないらしい』ということもわかっていた。

『続日本紀には奈良朝前後に粛慎人および渤海人が、日本海を渡って来朝した記載がある。そのうち特に著しいのは聖武天皇の天平一八年（皇紀一四〇六年）及び光仁天皇の宝亀二年（皇紀一四三一年）の如く渤海人千余人、つぎに三百余人の多人数が、それぞれ今の秋田地方に来着した事実で、満州地方と交通がすこぶる自由に行われたのは想像し難くない。秋田付近から五銖銭が出土したことがあり、東北には漢の文帝武帝を祀った神社があったらしいのは、何れも直接の交通が大陸とこの地方との間に行われたことを推測せしめる。東北蕃族は皇化東漸以前に、大陸との直接の交通によって得たる文華の程度が、不充分なる中央に残った史料から推定する如く、低級ではなかったことを同時に確信し得られるのである。田村麻呂、頼義、義家などの武将が、これを緩服するにすこぶる困難であったのも、敵手が単に無智なるがためではなかったと考えて、はじめて氷解するのである。』

太宰治は、この地には古くから人が住み、他国と盛んに交流して豊かな文化を形成していたのだと述べている。この地は「まほろば」であった。「まほろば」とは、「素晴らしい場所」「住みやすい場所」という意味の日本の古語である。

三内丸山遺跡《さんないまるやまいせき》をみれば、道の奥、〝みちのく〟と呼ばれている陸奥の地がいにしえより「北のまほろば」であったことが、即座に理解できる。三内丸山遺跡は、青森県青森市大字三内丸山にある、縄文時代前期中頃から中期末（約五五〇〇年―四〇〇〇年前）の大規模集落跡である。この地に遺跡が存在することは、江戸時代からすでに知られており、土偶が出土したことが記録されている。この地に野球場を建設する事前調査をしていた平成六年（一九九四年）に、直径約一ｍの栗の柱六本が検出され、大型建物跡の存在を知ることができた。そのため青森県は野球場建設を中止、遺跡の保存を決定した。大型掘立柱建物、高床式倉庫や竪穴住居などが存在していたと想定されている。栗を栽培、主食にしており、豆や胡麻などの栽培植物も出土した。最大規模で五〇〇人ほどの人が住んでいたと推定される。自然の恵みのみに依存した採取活動ではなく、集落の周辺に樹木を多数栽培し、その他の食物も栽培していたようである。

縄文時代の文化が従来考えられていたよりも進んでおり、三内丸山集落は一五〇〇年の長きにわたって続いていたのである。

「北のまほろば」は、雪深く閉じられた世界ではなく、翡翠、黒曜石や琥珀などの出土遺物は新潟や北海道、さらには大陸

などとの幅広い交易を示唆している。
「北のまほろば」は、壮大な歴史と深いロマンを感じさせる。

「海の幸、山の幸」

海の幸、山の幸に日本は恵まれている。野菜、果物、魚、肉、米など新鮮なものが得られ、地産地消ができる。

海辺のレストラン、窓辺に広がる素晴らしい場所で海の恵みと山の恵みを贅沢に盛り込んだ料理を存分に味わう。地の魚とたくさんの貝で仕立てた名物料理、新鮮な野菜をたっぷりと使ったサラダや前菜、地元の果物からできたジェラートのメニュー、考えるだけでしあわせな気分になる。

海幸山幸《うみさちやまさち》についての神話を古事記から紹介する。

さて、ホデリノ命は海幸彦として、海の大小さまざまの魚を取り、ヒコホホデミノ命は山幸彦として、山にいる大小さまざまの獣を取った。ところがヒコホホデミノ命が、その兄のホデリノ命に、「それぞれ猟具と漁具を交換して使ってみよう」といって、いく度もお願いしたが、兄は許さなかった。しかしついにやっとのことで、取り替えてもらうことができた。そこでヒコホホデミノ命は、漁具を用いて魚を釣ったが、ついぞ一匹の魚も釣れず、その上その釣針を海でなくしてしまった。すると兄のホデリノ命が、その釣針を求めて、「山の獲物も海の獲物も、めいめい自分の道具でなくては得られない。今はそれぞれ道具を返そう」といった。弟のヒコホホデミノ命は「あなたの釣針は、魚を釣ろうとしたが、一匹も釣れなくて、とうとう海になくしてしまいました」といった。けれどもその兄は、むりやりに返せと責めたてた。そこで弟は、身に帯びていた十拳剣を砕いて、五百本の釣針をつくって償おうとしたが、兄は受け取らなかった。また千本の釣針をつくって償おうとしたけれども受け取らずに、「やはり元の釣針を返してくれ」といった。

こうしてヒコホホデミノ命が、泣き悲しんでいるときに、シホツチノ神がやってきて、「泣き悲しんでいるのは、どういうわけですか」と尋ねた。ヒコホホデミノ命は、「私と兄とは釣針を取り替えて、その兄の釣針をなくしてしまったのです。ところがその釣針を兄が返せというので、たくさんの釣針をつくって弁償しようとしたのですが、それを受け取らず、やはり元の釣針を返せ、といい張るので、泣き悲しんでいるのです」といった。

シホツチノ神は、海宮、ワタツミノ御殿に行くことを教えた。そこへ赴いたヒコホホデミノ命は、ワタツミノの女トヨタマビメノ命と結婚し、三年間平穏に過ごした。が、なくした釣針のことを想い出し、ワタツミノ大神に事の経緯を話した。ワタツミノ大神は赤鯛の喉にあった、釣針をみつけ、ヒコホホデミノ命にさし上げた。ついに海底のワタツミノ御殿から地上に帰る時が来た。ワタツミノ大神は、兄に釣針を返す際に、次のようなことをしなさいと教えた。

「この釣針は、憂鬱になる釣針、気がイライラする釣針、貧しくなる釣針、愚かなる釣針」と唱えて、手を後ろに回してお渡し下さい。そして兄君が高い土地に田をつくったら、あなた様は低い土地に田をつくりなさい。またその兄君が低い土地の田をつくったら、あなた様は高い土地の田をおつくりなさい。そのようにしたら、私は水を支配していますから、三年間は必ずその兄君は凶作のため、貧窮に苦しむでしょう。もしもそうすることを恨みに思って、あなたを攻めて戦いをいどんでくる時は潮満珠《しおみつたま》を出して潮水に溺れさせなさい。もし兄君が苦しんで許しをこうならば、潮干珠《しおふるたま》を出して命を助け、悩ませ苦しめなさい、といって、潮満珠と潮干珠を授けた。

ヒコホホデミノ命は、ワタツミノ大神の教えた言葉通りにして、釣針を兄に渡した。それ以後、兄のホデリノ命はだんだん貧しくなって、さらに荒々しい心をおこして攻めてくるようになった。ヒコホホデミノ命は、授けられた潮満珠と潮干珠を使って、兄ホデリノ命を屈服させた。ホデリノ命は、「私はこれから後は、あなた様の昼夜の守護人となってお仕えします」といった。

以上、神話が伝える〝海幸彦と山幸彦〟の物語である。

弟が兄を屈服させるということ、山の幸が海の幸に勝利していることは何を意味しているのだろうか。海原を舞台にした話は、セレベス島、パラオ島やニューブリテン島にも存在し、南方的であるといわれている。争いの結果勝利するものが山の幸であるところは、日本神話の基層において北方的であることの反映だと考えられる。

また、大和朝廷が九州南部の隼人族と闘争して、平定したことの神話化であるともいわれている。

ヒコホホデミノ命は穀神であり、海神すなわち水神との結合を語っている。穀物、特に稲の生育には水のめぐみが欠かせず、穀神と水神との結合によって稲の豊穣がもたらされるとする信仰を表しているともいわれている。稲作は海を渡って伝えられたのだろうか。浦島太郎の竜宮伝説にも通じるところもある。

海幸山幸の説話は、現在使われる「海の幸、山の幸」の豊穣の言葉とは違っている。

「人間および動物は正しく食物の通路、運河、動物の墓場、他人の死によって自分の生命をつなぐから死せるものの宿屋、腐敗物の容器そのものである。

われわれは他人の死で生命を養う。

死せるものの中には生命が残っている。それが生きものの内臓に結びつくとふたたび感性的知性的生命を帯びるのである。」

レオナルド・ダ・ヴィンチ

「津軽海峡・冬景色」

「上野発の夜行列車おりた時から　青森駅は雪の中
北へ帰る人の群れは誰も無口で　海鳴りだけをきいている
私もひとり連絡船に乗り　こごえそうな鴎見つめ泣いていました
　ああ　津軽海峡　冬景色
ごらんあれが竜飛岬北のはずれと　見知らぬ人が指をさす
息でくもる窓のガラスふいてみたけど　はるかにかすみ見えるだけ
さよならあなた私は帰ります　風の音が胸をゆする泣けとばかりに
　ああ　津軽海峡　冬景色
さよならあなた　私は帰ります
風の音が胸をゆする　泣けとばかりに
　ああ　津軽海峡　冬景色」

「津軽海峡・冬景色」は昭和五二年（一九七七年）にヒットした歌謡曲である。作詞 阿久悠、作曲 筒美京平、石川さゆりが歌った。石川さゆりは、昭和五二年、第一九回日本レコード大賞歌唱賞および第六回FNS歌謡祭最優秀グランプリを受賞した。そして第二八回NHK紅白歌合戦への初出場も果たした。

恋に破れて東京を去り、北海道へと帰郷する女のせつなく辛い心情を、真冬の津軽海峡や青函連絡船で渡る人々の情景描写とともに哀調をこめて切々と歌った曲である。津軽海峡と港町・青森、そして青函連絡船を象徴する歌としてカラオケなどでも長く、今も歌い継がれている。青森にはこの歌謡碑が二つある。青森港の青函連絡船メモリアルシップ八甲田丸横にあるものと竜飛岬近くのそれである。歌謡碑の前に立つと、突如、津軽海峡冬景色の歌が流れ、三〇余年前にふと逆戻りしたような錯覚をおぼえる。昭和五〇年（一九七五年）頃は、まだまだ日本のすべてが右肩上がりで、繁栄を謳歌していた時代であった。その後、青函連絡船は昭和六三年（一九八八年）三月に廃止された。かわって、青函トンネルができ、現在、営業している。青函トンネルは全長が約五三・九㎞であることから、ゾーン五三九の愛称もある。青函トンネルの本州側入口は竜飛岬のそばにあり、近くの青函トンネル記念館をたずねると、昭和三六年（一九六一年）にトンネル掘削を開始して昭和六三年に営業に至った、苦難の歴史と科学技術の卓越さを実感、認識できる。東北新幹線により平成二二年（二〇一〇年）一二月四日、青森から東京までが新幹線一本でつながった。平成二三年（二〇一一年）三月一一日に発生した東日本大震災で、しばらく東北新幹線の全線開業はできなかったが、平成二三年九月に通常ダイヤに戻っている。将来的には、新青森駅で北海道新幹線に接続され、新青森駅と新函館駅間の運行が平成二七年（二〇一五年）に予定されている。

竜飛岬まで来たならば、旅のついでに竜飛岬のそばにある奥谷旅館（現在は観光案内所「竜飛館」となっている）を訪れるとよい。そこの宿帳は青森を代表する文人、芸術家の名前を記している。不便で危険な津軽半島の道程を経て、はるばる竜飛岬までやって来て宿で旅の疲れを癒したのだろう。昭和の初期、作家の太宰治、板画家の棟方志功、津軽三味線奏者の高橋竹山らが、竜飛岬にある宿屋、奥谷旅館に投宿していた。

時代の高速化、迅速化は、寄り道、鈍行化を許さなくなってきている。便利ではあるが、失っているもの、失っていくものも少なくないであろう。津軽海峡冬景色は、昭和五〇年代の情景を想い出させるが、青函連絡船もなくなってしまい、

北へ帰る哀愁をおびた冬のソナタにもあえなくなってしまった。

津軽に今年も雪が降る。

こな雪　つぶ雪　わた雪　みづ雪　かた雪　ざらめ雪

「壬辰」

「降る雪や　明治は遠くなりにけり」（中村草田男）

〝大正から数えて一〇〇年目〟であった、平成二三年（二〇一一年）が終わった。

平成二四年（二〇一二年）辰《たつ》年、干支では壬辰（みずのえたつ・じんしん）の新年である。

平成二四年の場合、十干は「壬（みずのえ・じん）」、十二支では「辰（たつ・しん）」、干支《えと》では壬辰となる。

壬は、「水」性の陽に当たり、海洋や大河の水を象徴する。力、勢い、強いエネルギーを示すとともに知性、勇気、寛容、慈善をも表す。「壬」の字は「妊」の意味であり、草木の内部に新しい種子が生まれた状態を表している。

辰は、「土」性の陽に当たり大地や地龍を表し、動物は竜（龍・たつ・りゅう）が割り当てられている。竜は想像上の動物である。「辰」の字は、「振るう」の意味があり、陽気が動き草木が伸長する状態を表している。

壬辰生まれの人の運勢を調べると、次のように説明されている。

「気性は穏やかで包容力を感じさせ周囲を親しませ、まとめ上手である。後方参謀役がぴったりはまり、人間関係の対応力、適応力は天才的で周囲の信頼を得る。本人は後継相で目上の引き立てを受け、社会的成功面は強力だが、それが多大であるほど家庭運、子供運は薄くなる。逆に、家庭や子供に恵まれると自分の社会的後継者に恵まれず、仕事と家庭の後継運がシーソーする。」と。

歴史上の事件では、その年の干支によって命名されていることがある。

四二〇年前、文禄元年（一五九二年）、豊臣秀吉が壬辰の年に朝鮮半島を戦場として戦った、いわゆる文禄・慶長の役（文禄元年から慶長三年（一五九八年）までの戦い）は、壬辰戦争とも呼ばれている。秀吉は、どのような野望で壬辰の年を過ごしたのであろうか。

壬辰の年、今年も、朝鮮半島情勢は不安定である。拉致やテロを重ね、核やミサイル開発を進めてきた北朝鮮の金正日総書記死去後、権力継承の推移が気掛かりである。

壬辰という字は、辰という「庫」の中に水が閉じ込められている状態であるとともに、進歩と変化の力強いエネルギーと熱意も表している。このような力強い海の力は、社会や政治の変革をもたらすだけでなく、洪水や地震などの自然災害をも引き起こす可能性があるようだ。複雑な国際関係の中で争いや乱れはあるかもしれないが、戦争など暴力的な衝突は少なくなるのではないかと予想されている。

壬辰の年、平成二四年はどのような年になるのであろうか。

社会変化や政治改革、社会制度の確立など新しい運動が起きる予感がする。

世界経済は厳しいものになり、日本への影響も少なくないであろう。

ヨーロッパEU諸国の混乱が世界へ波及して世界金融恐慌の発生危惧の年、イスラム世界での政治的変化や混乱の拡大、アメリカ、ロシア、中国、韓国など主要国の指導者交代の年、朝鮮半島情勢など、いずれも混乱と変革の年となるであろう。

大阪維新の会の躍進など日本でも政治的激変が起こっている。高齢化が進展していく中で、社会保障財源確保はどうなるのだろうか。

グローバル化は善であると多くの者は思っていたが、世界のどこかの国や地域の災害による問題がわれわれの日常にも影響を及ぼすという危うさがある。

タイでの大雨による洪水が、自動車やコンピュータの部品供給を制限して物がつくれなくなった状況を知るだけで、世界は相互に密接に依存していることがよくわかる。

自分の周囲が平穏な日々で安泰であれば、自分には世界の情勢とは関係がない、とはいえない立場に、皆、置かれている。

将来予測が難しい時代だ。

たとえ、どのような社会変化が生じても、私たち一人ひとりの社会に対する意識や心がけ、働きかけが必要で

あり、大切なことは辰という庫の中の水（智恵）を本当の意味で活用できるようにすることだ。

「あたらしき　年の始めの　初春の　今日降る雪の　いや重け吉事《よごと》」

大伴家持「万葉集」巻二十 巻尾の歌

（新春の雪が降り積る。そのようにめでたい事もいよいよ積み重なれよ。）

「一九六九」

「ルルル……

愛し合うその時に　この世はとまるの

時のない世界に　二人は行くのよ
夜はながれず　星も消えない
愛の唄　ひびくだけ
愛し合う二人の　時計はとまるのよ
時計はとまるの」

作詞　山上路夫／作曲　いずみたく

「夜明けのスキャット」は、由紀さおりのデビュー曲である。昭和四四年（一九六九年）のことだ。

アメリカオレゴン州ポートランドの中古レコード店で、オーケストラ〝ピンク・マルティーニ〟のリーダー、トーマス・マック・ローダーデールが由紀さおりのアルバム「夜明けのスキャット」を見つけた。二〇〇七年のことであり、由紀さおりの歌声に魅せられたのだ。彼は、由紀さおりの二枚目のシングル「夕・ヤ・タン」を自分のオーケストラのレパートリーにして、その動画をYou Tubeにアップした。それが機縁で由紀さおりとピンク・マルティーニは知り合った。

平成二四年（二〇一二年）の今、世界に伝えたい「一九六九年の音楽」を、ピンク・マルティーニが演奏し、由紀さおりが歌うという、時空を超えた夢のコラボレーションが実現している。

アメリカの若いミュージシャンが由紀さおりの歌声に感動し、お宝を発見したのだ。

『由紀さおり&ピンク・マルティーニ 一九六九』は、iTunes のダウンロードで、アメリカジャズ部門でナンバーワンとなり、さまざまなカテゴリーで上位に登場、話題性が広がっている。〝一九六九年の歌謡曲〟をテーマに「夜明けのスキャット」「ブルーライト・ヨコハマ」や「わすれたいのに」などといった一九六九年を象徴する一二曲が収録されており、日本語で一一曲が歌われている。アメリカや日本だけでなくイギリス、カナダ、ギリシア、シンガポールなど世界中で大変な人気をとっている。

由紀さおりは、アメリカやイギリスでのコンサートにも参加、その歌声が注目され、心地よさ、温かさ、新鮮な響きだとして、聴衆の絶賛を受けている。もちろん日本語で歌を歌っているのだ。

昭和四四年、「夜明けのスキャット」で由紀さおりがデビューした年、日本の、そして世界の政治、経済、文化、倫理、音楽などあらゆるコトやモノが大きな変革を遂げた年でもある。人類初の月面着陸にアポロ一一号が成功し、日本がGNPで世界第二位となった。沖縄の日本への返還が決まった年でもあった。大学では東大安田講堂占拠など学園紛争が吹き荒れ、既成の権力に楯突くのが当たり前、全共闘運動が最盛期であった。「ナンセンス」という学生言葉が流行語となり、盛んに使われていた時代であった。アメリカでもヨーロッパでも変革やいろいろな蠢きがあった年だ。

『由紀さおり&ピンク・マルティーニ 一九六九』のアルバムを通して、〝ニッポンの歌謡曲〟がワールドミュージックとして、どう広がってゆくのか〝二一世紀の歌謡曲〟の世界展開のこれからが楽しみである。

若い世代にとっては新鮮な響きを、年配者にとっては郷愁をさそう歌声に浸ることができる。

由紀さおりの透きとおった美しい歌声が、今、世界中を駆け巡っているのだ。

「街の灯りが　とてもきれいね　ヨコハマ
ブルー・ライト・ヨコハマ
あなたと二人　幸せよ

いつものように　愛のことばを　ヨコハマ
ブルー・ライト・ヨコハマ
私にください　あなたから

歩いても　歩いても
小舟のように　私はゆれて
ゆれて　あなたの腕の中

足音だけが　ついて来るのよ　ヨコハマ
ブルー・ライト・ヨコハマ
やさしいくちづけ　もういちど

歩いても　歩いても
小舟のように　私はゆれて
ゆれてあなたの腕の中

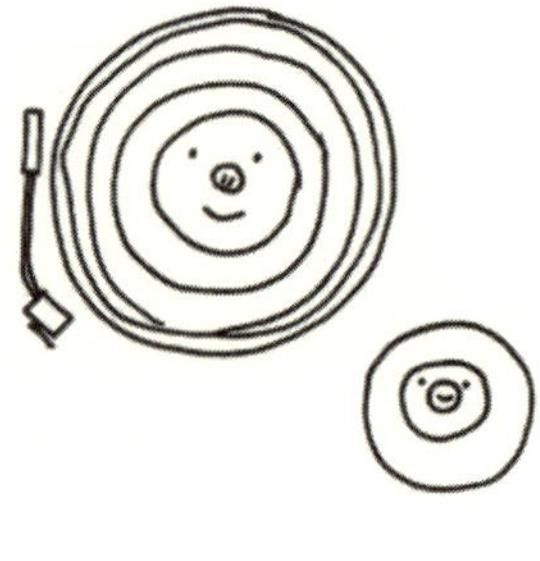

あなたの好きな　タバコの香り　ヨコハマ
ブルー・ライト・ヨコハマ
二人の世界　いつまでも」
「ブルー・ライト・ヨコハマ」作詞　橋本淳／作曲　筒美京平

「春が来た！」

春が来て、花が咲き、鳥が鳴く。

平成二四年（二〇一二年）冬、北国の雪は多く、例年より三倍もの積雪量であった。

京都府舞鶴市では積もった雪の高さが八七㎝にも達し、昭和二三年（一九四八年）に統計を開始して以来、最も多い積雪量を二月二日に観測した。雪が舞い、屋根には分厚い雪が積もった。

寒気の中からも、梅花は咲きはじめ、芳香を漂わせる。草木も寒気が残っている間に、小さな芽生えを始める。三月はじめ、啓蟄《けいちつ》の頃には、土中で冬ごもりしていた虫が地上へはい出してくる。柳の若芽が芽吹き、ふきのとうの花が咲く。福寿草が咲き、桃の花が開き、紋白蝶が舞う。山里では鶯が鳴きはじめる。

植物は厳しい冬に耐え、春という時が来れば、いきいきとして再生し復活する。動物も春の暖かさを感じ、活動的、躍動的になる。

春が来ると、大地も天空も活気を帯びてくる。日の出がはやくなり、日没は日々遅くなる。明るい時間が長くなってくるのだ。人の生体リズムや生活時間の調整には、目から入った光の刺激が強く関与している。目から入った刺激が、脳内の視交叉上核から松果体に入り、松果体でつくられたメラトニンが減少すれば活動的になり、増加すれば眠くなる。時差ボケなどで昼間に眠くなったり、集中力や記憶力が低下するのは、松果体機能との関係が指摘されている。飛行機で遠くまで旅行して時差ボケになった時には、現地で積極的に日の光を浴び、暗くなると休むように努力することが早期の解消法であるといわれている。

平成二三年（二〇一一年）三月一一日の東日本大震災から一年が過ぎた。
大災害からの復旧・復興は、まだその緒についたばかりである。被災地が苦難を乗り越え、再出発して、何年かかってでも日常的な姿に戻り、本当に喜びあえる春の日が訪れることを願っている。

春は卒業式の季節でもある。

卒業式を終了して卒業証書や記念アルバムをもらい、それぞれのページをめくると、過ぎた日のさまざまな思い出が昨日のようによみがえり、人生のアルバムとなる。

幼稚園、小学校、中学校、高等学校、短期大学、大学いずれにおいても児童、学童、生徒、学生誰もが入学した時のことを考えると、皆、卒業時には成長した姿になっている。逞しく、見違えてしまうくらい立派な姿になって卒業式を迎え、それぞれ違った道へ送り出すことができるのは、保護者、教職員一同、大変感動的であり至福の時である。

卒業とともに就職、進学や引っ越しなどで、あわただしく春の時間は過ぎていく。

春は親しかった人との別れの季節であるとともに、新たな出発、出会いの時でもある。

春の陽光にまぶしさを感じるが、なんとなく悲しさ、春愁を感じるのは、別れと出会いが相互に混じりあっているからであろうか。

万葉の古より、春は哀愁の漂う季節であった。

「春の野に　霞たなびき　うら悲し　この夕影に　鶯鳴くも」

大伴家持「万葉集」巻一九―四二九〇

（春の野に一面に霞がかかっていて、心は物悲しく、夕陽の光の中で、鶯が鳴いている。）

「新学期」

四月は、新学期のスタートだ。

満開の桜の下で入学式を迎えると、新入学生だけでなく、保護者も教職員も気分も一新して勇気が湧いてくる。入学式の儀式は似ていても、学生の顔は皆それぞれ違う。教職員のそれも違っている。何事も開始の時は、気持ちも姿勢も新たに、元気よく出発だ。

四條畷学園の建学の精神は「報恩感謝」であり、「人をつくる」を教育理念としている。四條畷学園短期大学は、知識の修得とともに実行能力の大切さを価値あるものと考え、礼儀、礼節を重んじ、品性人格が備わった人材の育成を使命としている。短期大学の教育目標は、品格、一般教養および専門の学術技能を身に付け、地域社会で積極的に活躍できる生きた力を育むことである。本学の使命や教育目標に向けて、今年も、教職員一同一丸となって、日々取り組んでいかなければならない。

国家の再建は教育にあり。誰にも異論はない。

日本の現況はどうか。東日本大震災からの復旧・復興はまったなしである。ものづくりの産業基盤はアジアの国々やインドなどの目覚ましい成長により足元をすくわれてきている。ヨーロッパのユーロ危機など他国の問題がグローバル化、国際化している中で、日本もよそ事ではなく他国のことが自国の、自分自身の問題にも直になってくる。遠い国の出来事と無関心を装っていても、われわれへの影響なしには生活できなくなってきている。

今、日本の国力や教育力は低下の一方である。中でも大阪はひどいようだ。

大阪の犯罪発生率、失業率、生活保護率、離婚率などの指標が全国最低か、それに近い状況を示している。これらは、大阪問題と呼ばれている。この問題解決には、教育の向上が根本的であるとも考えられている。教育レベルの改善が問題解決の処方箋なのだが、粘り強く、長期的、継続的な取り組みが求められている。

今、大学の秋入学への移行が検討されている。欧米では秋入学が主流であり、国際化、グローバル化の荒波を生き抜く若者を育てるための教育改革として議論されているのだ。入学時期を春から秋に変更すると、高校までの教育をどうするのか、春に卒業、秋に入学するまでのギャップ期間をどうするのか、就職時期はどうなるのか、公的資格試験の実施時期はどうなるのかなどなどさまざまな課題が浮かび上がってくる。大学教育改革の起爆剤になってほしいとの考え方がある一方、秋入学という入学時期の見直しだけが独り歩きしているようにも思われる。時代が求めている人材は何か、それに対して大学はどのように応えているのか、いけるのかなど根本的な議論が必要である。現実的にはすでに春の卒業だけでなく、秋の卒業を行っている大学もある。留学生を受け入れている大学では、入学式も春と秋との二回実施している。現状を踏まえて柔軟に対応するのが実際的なのかもしれない。

満開の桜の下で入学式を迎えることが、菊の香りの新学期よりも日常的な感じがするのはなぜだろうか。
一日の始まりは日の出からなのか、日没からなのだろうか。
季節の始まりは春からと思っていたが、秋から始まると考えてもよいのだろうか。

「始め良ければ、終わりよし」
(始めがうまくいけば、すべてが順調に進み、最後によい結果を得る。)

「報恩感謝」

「報恩感謝」は四條畷学園の建学の精神である。

四條畷学園は、牧田宗太郎、環の兄弟によって大正一五年（一九二六年）に設立された。兄弟は、母への感謝と敬愛の念を常に持ち、母に対する報恩の心を表し、教育の理想を実現するために四條畷学園を建てた。建学の精神「報恩感謝」は、今日まで引き継がれ、学園発展の歩みを支えるものとなっている。

人はひとりでは生きられない。たくさんの人に支えられているから、生きていける。人という文字は、ななめの画が互いに支え合って構成されている。このことでもわかるように人は、社会をつくって生きている。社会とは、支え合う仕組みということである。このため、助け合う、ということが、人にとって大きな道徳になっている。助け合うという気持ちや行動、いたわりという感情は、必ずしも人の本能として備わっているのではない。私たちは、訓練をしてそれを身に付けねばならない。

自分の生命を知り、家族の力添えを知り、社会の仕組みを知り、天地自然からの恵みを知れば、恩にゆきあたる。恩という字は、原因の下に心と書き、原因を心にとどめるということである。恩とは何がなされ、今日の状態の原因は何であるかを心に深く考えることである。してもらったことを思い出すことであり、お蔭様の心である。父母の恩、上司、先生、友人、社会のいろいろな人たちからの恩、国の恩、そして食べ物、水など天地自然や科学技術の恩からの恵みにより、今、私たちは生活できている。

世間には、恩という陰の力が働いている。その力によって私たちは、生かされているのである。

感謝する、ありがとう、という。これこそ、人を人間にするものである。日本語の「ありがたい」という言葉は、もともと「有り難い」すなわち、「めったにないことだ」と、喜び感謝する気持ちからきている。有り難いの漢字を前後逆にして、「難有り即ち有り難し」と考えれば、ありがとう、という言葉の意味も深くなってくる。人生における挫折や失敗は、誰もが必ず体験する。挫折や失敗に対しても、ありがとう、と感謝する。挫折や失敗、受験の失敗、人生でのつまずき、仕事での挫折など数限りないが、それらに対して、ありがとう、と感謝の気持ちを持ち、努力してみる。世の中で価値ある仕事を成し遂げた人たちは、挫折や失敗を自分の成長の機会ととらえて、乗り越え、素晴らしい事を達成している。挫折や失敗の数だけ人は強く、やさしくなれるのではないだろうか。

平和である、健康である、食べものがある、電気がある、水がある、命もある、すべてがあって当たり前になると、感謝の心もなくなる。ありがとうの気持ちを持てなくなる。

今は恵まれすぎて、何もかも当たり前になり、有り難みがなくなっている、感謝の気持ちが少なくなっているのではないだろうか。

「報恩感謝」、いい言葉である。人生のいつ、いかなる場面でも、この言葉はいきている。

「艱難辛苦《かんなんしんく》、汝《なんじ》を玉《たま》にす」

（人間は苦労を乗り越えていくことで、玉が磨かれるように人格が練磨され、立派な人間になる。）

「古事記」

「古事記」は古い日本の歴史書であり〝ふるごとぶみ〟とも呼ばれており、その存在を知らない人は少ないであろう。しかし、実際に読んだことのある人は、多くはないのではなかろうか。漢文で書かれているのが大きな原因である。解説本や入門書であっても、なんとなく取っ付きにくいのかもしれない。

「古事記」は読んでみると、大変面白い本である。ぜひ関心を持ってほしい。登場人物が豊かで、繰り広げられる話も物語として興味深いのだ。

「古事記」は、奈良時代のはじめ、和銅五年（七一二年）にまとめられた日本最古の歴史書である。

平成二四年（二〇一二年）は、古事記編纂一三〇〇年の記念の年にあたる。

稗田《ひえだの》阿礼《あれ》が天武天皇の勅により誦習した帝紀および先代の旧辞を、太安《おおのやす》萬侶《まろ》が元明天皇の勅により撰録して和銅五年に献上した。

上巻・中巻・下巻の三巻からなり、上巻は神話の巻である。

上巻は天地開闢から鵜葺草葺不合命《うがやふきあえず》まで、中巻は神武天皇から応神天皇まで、下巻は仁徳天皇から推古天皇までの記事を収め、神話・伝説と多数の歌謡とを含みながら、天皇を中心とする日本統一の由来を物語っている。

天と地が分かれる話から始まり、イザナギ・イザナミの二神の国生みやスサノオのオロチ退治、オオクニヌシの因幡の素兎《しろうさぎ》など、多様な神話の世界が語られている。国譲りから天孫降臨へと神話は展開していき、初代の神武天皇が誕生する。

中巻と下巻は、その後の天皇の治世を描いている。

初代から続いて最初の女帝である、第三三代推古天皇までが記録されている。

その中には、仁徳のような聖帝もいれば、雄略のような豪快な天皇、記録の上でも今上天皇につながっている継体天皇がいる。

太安萬侶の墓は、昭和五四年（一九七九年）奈良市此瀬町の山中の茶畑で偶然発見された。平城京の東約一〇㎞の山中に位置し、周辺には光仁天皇陵や古墳などが存在している地だ。墓壙には墓誌と木櫃が納められていた。木炭を敷いて墓誌を置き、その上に木櫃を安置し、四周と上面を木炭で覆った木炭櫃であった。墓誌には「左京四條四坊従四位下勲五等太朝臣安萬侶以癸亥年七月六日卒之養老七年（七二三年）十二月十五日乙巳」の四十一字が刻まれ、居住地、位階と勲等、死亡年月日、埋葬年月日が記されていた。木櫃の中には火葬骨と真珠四個が収められていた。

稗田阿礼は、天武天皇から命を受けた時は二八歳の舎人であった。舎人とは、皇族や貴族に仕えて警備などに従事していた人のことである。

「目に度《わた》れば口に誦《よ》み、耳に拂《ふ》るれば心に勒《しる》しき」とあることから、特殊な記憶力を持った異才の人物であったことが伺える。

賣太《めた》神社は大和郡山市稗田町に鎮座し、稗田阿礼を祀っている。平安時代末に起源を持つ環濠集落が今も存在している、美しい地である。

男性か女性なのか、実在の真偽も含めて、稗田阿礼は謎の多い人物である。

「やまとは　国のまほろば
たたなづく　青垣　山ごもれる　やまとし

うるわし」

倭《やまとたけるのみこと》 建 命

（やまとは国の中で一番素晴らしいところ　幾重にも重なって青々とした垣をなす山々

その山々に抱かれている　うるわしのやまとよ。）

「論語」

「論語」は古代中国の思想家、孔子の教えの集大成である。

この本は孔子が直接執筆したものではない。孔子が亡くなってから数十年後、その弟子たちが師の言葉や教えを記録するために執筆した本である。書かれた時期は紀元前五〇〇年頃、今から二五〇〇年ほど前である。

当時中国では数多くの小さな集落が国家に進展していく、まさに激変期であった。春秋時代と呼ばれている。組織が大きくなり、統治すべき人民が増えていったため統治者たちには効率的な統治理論が必要になった。こういった背景から、春秋時代には数多くの思想家たちが現れ、それぞれの思想を主張しながら権力者に登用されるために努力していた。

その中で最後まで生き残ったのは、孔子が立ち上げた儒家だけであった。どうしてか。

昔も今も最も難しいのは〝組織の中でどう生きるか〟ということである。

大学生が就職しても三分の一は三年以内に離職する昨今であるが、主因は人間関係の問題、コミュニケーション不足だといわれている。

組織の中での人間関係は快適な人生を生きるか、それともストレスだらけの人生を生きるかを決める重要な要素である。

仕事がいくら難しくてもまわりの人との関係がうまくいっていれば、仕事も克服可能で楽しいが、上司や同僚との関係がうまくいっていないと簡単な仕事も進まなくなる。

豊かな人生を過ごすためには個人の能力以上に、〝組織の中でどのように振る舞えば他人と協力し合い、信頼を得られるか〟が重要である。

多くの現代人が抱いている悩みの解決に役立つ古典が「論語」である。全二〇編、五一二の短文で構成されている。

「論語」には、〝どうすれば上司とうまく付き合えるのか〟〝部下をうまく統率するためにはどうすればよいのか〟〝組織の中でどう振る舞うべきか〟などの疑問に対する、明解な答えが用意されている。二五〇〇年間もの間、読み継がれてきた理由である。

孔子の教えの根本には、〝人は教育することで、よりよい人間になれる〟〝人と人は勉強を通じて美徳を磨き、より協力し合うことができる〟といった温かい信念があり、それが人々の心を打ってきた。

勉強には頭の痛い響きがあるが、孔子が考えた勉強とは自分が好きなことを楽しく学ぶことである。

時代が変わっても孔子の教えは影響を与えながら継承され、日本、韓国やベトナムなど漢字文化圏の隣国に伝わっていった。

この教えは私たちが意識しない習慣や思考方法にまで影響を与えている。

例えば主君への忠義を美しいものとする武士道や神社で先祖に祈る慣習は儒学の影響であり、温故知新など四字熟語の多くは「論語」から誕生したものである。

孔子の思想は東洋にとどまらず、ヴォルテールやライプニッツなど西洋の哲学者にも多くの影響を与えた。

子供、大人そしてシニアまでいくつになっても「論語」から教えられることは多く、人間を磨くための素養やビジネスにも活かすことができる。

子供論語塾や論語を素読する動きも各地で行われている。

「論語」を人生や仕事に役立てていく。

それが正しく行われれば、人生は輝きに満ちたものになるはずである。

「論語」は現代に至っても全世界で、〝人生のガイドライン〟として親しまれている。


「之を知る者は、之を好む者に如かず。　之を好む者は、之を楽しむ者に如かず。」

雍也第六

（知ることは好むことに及ばない。好むことは楽しむことには及ばない。何事も楽しめるようになってくると、いくらやっても疲れないのだ。）

「生涯学修」

中央教育審議会大学分科会に置かれた大学教育部会の審議のまとめが、平成二四年（二〇一二年）三月二六日に出された。タイトルは、「予測困難な時代において生涯学び続け、主体的に考える力を育成する大学へ」というものである。

昔から大学生は勉強しなかったが、卒業後社会で十分活躍している、大学教育には期待せず入社後に鍛え上げる、といったことが、これまでの考え方であった。この考えは高度経済成長時代の大学観であり、時代は変容している、時代遅れ、というものだ。

経済を中心とするグローバル化、少子高齢化、情報化といった急激な社会変化の中、労働市場や産業・就業構造の流動化などにより、将来予測は困難である。

学生が、①「答えのない問題」を発見してその原因について考え、最善解を導くために必要な専門的知識や汎用的能力を鍛えること、②実習や体験活動などを伴う質の高い効果的な教育によって知的な基礎に裏付けられた技術や技能を身に付けることは、自らの人生を切り拓くための最大の財産となり、教育の役割である、というものだ。

産業界や地域社会は、高度成長社会においては均質な人材の供給を求めてきたが、今では、生涯学ぶ習慣や主体的に考える力を持ち、予測困難な時代の中でどんな状況にも対応できる多様な人材を求めている。そのような人材は、受動的な学修経験では育成できない。

学生同士が切磋琢磨し、相互に刺激を与えながら知的に成長する課題解決型の能動的学修(アクティブ・ラーニング)によって、学生の思考力や表現力を引き出し、その知性を鍛えるために双方向の講義、演習、実験、実習や実技などが求められている。そのためには、授業のための事前の準備(資料の下調べや読書、思考、学生同士の議論など)、授業の受講(教員の直接指導、その中での教員と学生、学生同士の対話や意思疎通など)、事後の展開(授業内容の確認や理解の深化のための探求、さらなる討論や対話など)やインターンシップなどの体験活動など、事前の準備、授業の受講、事後の展開を通した主体的な学びに要する総学修時間の確保が重要とされている。学生が授業外で勉強する時間、予習時間や復習時間をもっともっと多くする必要性を述べている。教員は、学生の興味を引き出し、事前の準備や事後の展開などにも適切に対処することが求められている。

予測困難な時代を生き抜かねばならない若者や学生の力を具体的に伸ばすためには、大学や教員、社会は今こそ行動することが必要だ、という。

日本の大学は世界に通用する人材や企業、社会が求める人材を必ずしも育ててこなかったのではないかとの調査結果に基づいて、審議会のまとめは出されているのだ。

悲壮感が伝わってくるような大学教育改革の方針であり、大学にあまりにも多くのことを求め過ぎているようにも思える。

主体的に考える力を身に付け、生涯学び続けることは、何も学生だけに要求されるものではない。

戦後の日本社会は、成長期の学修、壮年期の仕事を経て、老後の余暇生活へと移行することを前提に設計されてきた。定年まで雇用が安定しているよい企業に入社するためには、有名大学に進学する。そのためには有名高校に進学し、というように学校から職業を通じたキャリアは画一的なものであった。このような直線階段型社会は、もはや維持困難になってきている。画一的なキャリアでは、その道から一度でも外れた場合、復帰することが難しく、不安定な状態に固定されることが問題視されている。その多くは、フリーターやニートになってしまうのだ。

よい企業に入社するだけでなく、ＮＰＯで活躍する、社員ではないが複数の仕事をかけもちするといった多様な働き方が不利ではなくなる社会になっていく必要がある。

長い人生を過ごす中で、さまざまな価値観や機会と出会え、必要と意欲に応じて途中参加できる仕組みも必要である。教育機関は学生だけでなく、ミドル層の学び直しの場を提供するなど多様な機会を提供すればよい。

人生の中間点で後半の生き方を考え、それに向けて新たな能力を身に付けられる機会が得られれば、齢を重ねても社会貢献が可能である。それができれば、健康を保ち人生の最晩年まで上昇し、学び続ける展望が見えてくる。

「学びて思わざれば、則ち罔《くら》し
思いて学ばざれば、則ち殆《あやう》し」

論語　為政第二

（人から教わるだけで自分で考えなければものごとを明快に把握できない。
自分で考えているばかりで学ばなければ視野が狭くなり危険である。
学ぶことと考えることは車の両輪であり、どちらが欠けても真実には近づけない。）

「風が吹いている」

ロンドンオリンピックは七月二七日開会し、一七日間にわたった祭典は八月一二日に閉幕した。連日熱戦が繰り広げられ、日の丸を背負って懸命に戦う日本選手の姿に、大きな感動と希望と勇気を感じた。日本は金七個、銀一四個、銅一七個の合計三八個で、史上最多となり、メダル獲得数は世界で六位であった。

その中でもサッカー、体操、卓球、水泳、アーチェリーやフェンシングなどチームでのメダル獲得が目立っていた。

なでしこジャパンは準決勝でフランスに見事勝ったが、世界一をかけて戦った決勝ではアメリカに一対二で惜敗した。主将の宮間あや選手はじめ、皆、オリンピックでの初めてのメダル獲得に涙と喜びで、満足感にひたっていた。オリンピックの舞台では強者が勝者になるとは限らず、勝者が強者とも限らない。体格や身体能力では必ずしも優れてない、むしろ見劣りするのに、なぜ健闘できたのだろうか。チームワークが力を発揮したと監督　佐々木則夫氏はいう。チームの完成度が高かったのであろう。明るくて、正義感が強く、互いを尊重するとすごいパワーが生まれる、それが「なでしこ」のチーム力。特に堅固な守備システムは、濃密なコミュニケーションから生まれた。フランスとの準決勝後半、相手の猛攻にも耐えに耐えた。サッカー選手という際立った個性が互いを磨き合い、有機的な協業が銀メダルの獲得をもたらしたのだ。

男子サッカーも四位と健闘した。この夏、日本のサッカーがロンドンで大きく花開いた。日本のサッカーは今や世界レベルに近づき、世界に通用するようになってきた。体格や身長など身体能力では必ずしも抜きん出てはいない日本人が、どのようにして強くなってきたのだろうか。組織力、チーム力を大切にして育んできたから、ともいえる。

サッカーはサッカーを教えるだけでは強くならない。技術の向上や体力強化だけではダメなのだ。強さの秘訣に「言語技術」あり、と日本サッカー協会副会長　田嶋幸三氏は述べている。

身体能力や技術の高さは基本的には必要であるが、これらはあるレベルに達するとあまり変わらなくなってくる。その時、何が大切かというと、いかに考えてプレーするかということなのだ。

状況を見て、自分の考えを組み立て、判断してプレーする。

日々の言葉を論理的に使えるように訓練していけば、サッカーでも瞬時に状況をとらえ、論理的に判断してプレーができるようになる。練習中にゲームを途中で止めて、「どうしてそこにパスを出したのだ」と確認することがあったとする。その時、「俊足の選手が走ってくると思って、パスを出した」、など自分の考えを自分の言葉に変えていえることが大切である、という。

たとえ失敗しても自分で考えながらやっている選手は、次にこうしようと次の方法を考えられる。いわれたことしかやってこなかった選手は自分で改善することができない。

オリンピックは体力の限界への挑戦、ギリギリのところでの勝負だという印象があるので、技術やフィジカルの鍛錬の勝負かと思っていたが、それだけではないようだ。

プレーを言葉に置き換えて理論的に説明できるようにする手法は、サッカー指導者やジュニアの育成に役立っているという。

世界レベルにある競技、あと一歩のところにあるもの、力不足の競技などさまざまであるが、強化のためには強い意欲のもと技術や体力強化とともに、言語能力、心構え、マナーや立居振る舞いなどを踏まえたエリート教育が求められている。

「時代はいま変わっていく　僕たちには願いがある
この涙も　その笑顔も　すべてをつないでいく

風が吹いている　僕はここで生きていく
晴れわたる空に　誰かが叫んだ　ここに明日はある　ここに希望はある
君と笑えたら　夢をつなぎあえたなら
信じあえるだろう　想いあえるだろう　この時代を
僕らを　この瞬間《とき》を」

「風が吹いている」　いきものがかり
（ロンドンオリンピックNHKテーマソング）
作詞・作曲　水野良樹

「グローバル化」

グローバル化とは、これまで存在した国家、地域など縦割りの境界を越え、地球が一つの単位になる変動の流れや過程をいう。

グローブ（globe）とは地球のことであり、球体を意味する。グローバル化は地球規模で生じるもので国境とは関係なく広がる。インターナショナル化（国際化）もグローバル化と似たような言葉であるが、インターナショナル化とは境界線や領土問題など国と国との関係であり、平面的な問題であり球面的ではない。

グローバルという言葉が初めて登場したのは、一九四四年ReiserとDaviesが書いたPlanetary Democracyの中であると、国際教養大学学長　中嶋嶺雄氏は述べている。

(This new system of orientation is termed scientific humanism; its principal tool is called global thinking, or more briefly globalism. Scientific humanism sets itself the problem of reconstructing the minds of men so that they can rebuild society, create the World of Tomorrow, and live in this new civilization of the future.)

一九七〇年代、地球環境が人類的課題だという意識に伴って、グローバル化という言葉は広く使われるようになった。

一九九〇年代には、経済のグローバル化が強調された。各国が金融自由化を進め、また旧ソ連圏が崩壊して東西冷戦が終焉した。と同時に、情報通信システムの統合が急速に進んだ。その結果、巨大企業は世界を市場や投資先として競争を展開できたが、政府は資本への規制力を弱体化させ、短期の資本移動や為替の投機的取引に対する統治能力は弱体化した。

地球のある一ヵ所の経済破綻が通貨危機や世界同時不況として波及する事態が相次いで生じている。たとえば、ギリシアの経済危機はユーロ圏を脅かしているがユーロ圏外にも影響し、ギリシア一国の問題ではなくグローバルな課題になっている。

グローバル化によって、世界経済の融合と連携は深化し、異文化交流の機会は増加している。また、政治主体は一元化し経済的格差が広がり、環境問題、疫病、戦争や犯罪もグローバル化してきている。

グローバル化の進展は是か非か、そこには光と影があり、賛否両論、議論の尽きない話題であるが、今を生きるわれわれにはグローバル化は避けることができない社会変化である。

グローバル化の進展は、学校教育や教育政策にも大きな影響を及ぼし、変革を迫っている。

一九九一年（平成三年）東西冷戦は終焉したが、ＩＴ革命が始まった。

同年、大学設置基準の大綱化が発表され、高等教育の規制が緩和された。

平成四年（一九九二年）から大学院重点化のもとに、教養教育は地盤沈下し、学部教育は空洞化した。

平成一六年（二〇〇四年）国立大学は法人化され、競争的環境の中で世界最高水準の大学を育成するため、各大学の競争意識や自律度、自由度が増してきた。

平成一九年（二〇〇七年）学校教育法改正により、学校教育を通じて「基礎的な知識および技能」に加えて、「それらを活用して課題を解決するために必要な思考力、判断力、表現力その他の能力」と「主体的に学習に取り組む態度」の習得・育成が義務付けられた。

学校教育法の改正に引き続いて、新しい指導要領が告示され、そのもとで小学校に外国語活動が導入された。また、小学校、中学校、高等学校を通じて、すべての教科の学習を通じて言語活動を充実することになっている。

グローバル化が進む社会では、人種、民族、言語、宗教や歴史など多様な文化的背景を持ち、互いに異質な集団間でコミュニケーション能力を発揮できることは大きな意義がある。

情報通信技術や輸送が発達し、国籍や国家の観点ではなくヒューマニズムの視点から、環境破壊、戦争、貧困などの諸問題に対して、全地球的な取り組みは不可避である。


「井の中の蛙　大海を知らず」

(狭い見識にとらわれて、広い世界があることを知らないで、自分の住んでいるところがすべてだと思い込んでいる人のことをいう。)

グローバル人材とは対極に位置している人のことである。

「ゆく河の流れは絶えずして」

「ゆく河の流れは絶えずして、しかももとの水にあらず。澱《よど》みに浮かぶうたかたは、かつ消えかつ結びて、久しく止まりたる例《ためし》なし。世の中にある人と栖《すみか》と、またかくのごとし。」

『方丈記』の有名な書き出しである。昔から名文として名高い。

消えては結ぶ水の泡《あわ》の描写によって、読者に人の世の無常を暗示する。

鴨長明が建暦二年（一二一二年）三月、五八歳のときに『方丈記』を執筆してから、今年は八〇〇年の節目にあたる。

書き出しを知っている人は多いが、『方丈記』の全編を読了した人は少ないのではなかろうか。世は無常である、という諦観や悟りを教える無常の文学だと考えている人が多いと思う。

『方丈記』は一万字ほどの小品である。四〇〇字詰め用紙でわずか二〇枚余に過ぎないが、洗練された文章で、人生の濃厚な本質が詰まっている。

前半では、長明が体験した五つの世にも稀な災害、五つの不思議が語られている。「大火」「辻風（竜巻）」「福原への遷都」「飢饉」「大地震」の五つである。

二三歳から三一歳の間に体験した、世の不思議についての回想である。災害文学でもある。最初の世の不思議は、安元の大火である。安元三年（一一七七年）四月二八日の大火で、都の三分の一が焼けたという。御所の朱雀門、大極殿、大学寮や民部省なども焼き尽くされてしまった。人間の営みの無常を体験している。第二の世の不思議は、治承四年（一一八〇年）四月二九日に吹いた辻風のことである。京都の中御門から六条あたりまで竜巻が襲って、もろもろを瞬く間になぎ倒したという。三つ目の世の不思議は、治承四年六月、平清盛による福原（現神戸市兵庫区）への遷都である。政治的な事件を、大きな災害、人災ととらえている。「古京はすでに荒れて、新都はいまだ成らず」と、嘆いている。四つ目の不思議は、飢饉だった。養和元年（一一八一年）から翌年にかけて、都は飢饉と疾病に襲われた。京都の左京だけで、二ヵ月の間に四万二三〇〇人以上の人が飢えで野垂れ死にしたという。「母の命つきたるを不知して、いとけなき子の、なほ乳を吸ひつゝ臥せるなどもありけり」と、死んだとも知らず息絶えた母親の乳房を吸う赤子の話は、悲しい哀話である。最後の五つ目の世の不思議として、大地震をあげている。元暦二年（一一八五年）七月九日に起こった、マグニチュード七・四と推測される地震である。「山は崩れて河を埋み、海は傾きて陸地をひたせり。土裂けて水湧きいで、巌割れて谷にまろびいる。渚漕ぐ船は波にただよひ、道ゆく馬は足の立処をまどはす。」と、土砂災害や津波のすさまじさをあらわにしている。「恐れのなかに恐るべかりけるは、ただ地震なりけりとこそ覚え侍りしか。」と、恐ろしい災害の中でも特に恐るべきは、この地震であると述べている。

五つの災厄について記述した後は、自らの草庵での生活が語られている。

日野（現京都市伏見区日野町）に草庵をたて、一丈四方四畳半の住まいで無常観に従って、興にのれば琴や琵琶をかなで、閑居と清貧を楽しみ、仏道修行者の心をもって筆を置いている。

終の住居となった草庵は、現在、京都下鴨神社の摂社・河合社の境内に再現されている。

鴨長明は久寿二年（一一五五年）に生まれ、建保四年（一二一六年）にこの世を去っている。平安時代末期から鎌倉時代にかけてのことである。貴族社会が崩壊し、武士の時代、はじめは平清盛らの平家が世を支配していたが、源氏に主役が替わった。源頼朝が鎌倉幕府を開き、武家政権の時代が始まった。時代の激変期に生きていたのだ。

『方丈記』から八〇〇年を経た、今日、グローバル化やＩＴ革命が急速に時代を大きく変えているが、大震災、豪雨、雷、竜巻や原子力発電所の事故などの災厄を経験し、天変地異の時代である。先行き不透明で、予測困難な時代である。

時代が似かよっているためだろうか、今日ほど、この古典が求められている時代はないと思う。

鴨長明からのメッセージを新たな気持ちで受け取り、人生の価値観を考えてみたい。

「それ、三界はただ心一つなり。心もしやすからずは、象馬、七珍もよしなく、宮殿、楼閣も望みなし。今さびしき住居、一間の庵、みづからこれを愛す。」

（さて、人の世は心の持ち方一つで定まる。心がもし安らかでなければ、象や馬などの珍獣、七宝などの財宝を持っていてもしかたがなく、宮殿・楼閣など立派な住居も欲しくはない。今は寂しい住居、すなわち一間の庵を深く愛している。）

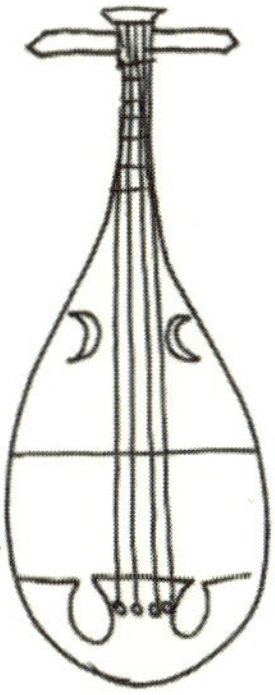

「第三極」

平成二四年（二〇一二年）の師走である。

慌しい年の瀬に、政治選挙がからんで世の中が益々かまびすしい。

衆議院選挙には、いつの間にか一三もの政党が立ち上がり政党乱立時代となっている。政党の名前を覚え、どの政党がなにを訴えているのかを知るだけでも時間がかかってしまう。

一人しか当選しない小選挙区制の下で小政党がぶつかり合えば、大きな政党に利があり、比例代表でのすみ分けも困難になる。そこで、第三極なる政党を画策し、与野党乱れて政局の綱引きが続いている。

日本は今、経済状況は振るわず高齢化の進行とともに人口減時代に入り、先行き不透明感と不安感が著しい。政治の争点はいくつもあるが消費税、金融経済政策、原子力発電所を含めたエネルギー政策、環太平洋経済連携協定（ＴＰＰ）や憲法改正の可否などが焦点となるだろう。

アメリカではバラク・オバマが大統領に再選され、中国では習近平体制が発足した。新たな体制がどのような舵を取り方向性を目指すかで、われわれへの影響も違ってくる。尖閣諸島、竹島や北方四島など周辺諸国との国境問題への対応も大きな課題だ。対応如何によっては、日本失速の火種となりそうだ。

内憂外患、国家危機の時代といえる。

決められない政治、経済の低成長、若者の就職難、生活保護受給者や貧困者の増加、高齢化の進展など日本にはマイナス要因が重なっている。これらはJapanization（日本化）として、問題視されている。しかし、これら負の要因は何も日本だけに限ったことではなく、ヨーロッパでもアメリカでも、そして中国をはじめとしたアジアでも、低成長経済、決められない政治や高齢化社会の到来などがいわれている。日本が現在直面しているさまざまな課題は、どこの国も問題になっているまたはなりうる状況だ。

日本がこれまでに培ってきた、よき文化遺産を認識し、諸課題に対してわれわれがフロントランナーになりたいものである。文化あるいは文化遺産といえるものは教育レベルの高さ、礼儀・礼節、守銭奴など卑しいことに対する恥としての文化、医療、介護、年金、子育てや労災保険など他国以上によく整っている社会保障システム、物づくりに対するこまやかさ、おもてなしとしてのサービス精神などなど数多くある。日本の素晴らしさ、誇るべきものは数限りなくあるのだ。われわれの深奥にある精神文化を想い出し、力が発揮できれば、活力と活気のある日本社会を築けると思っている。

生物の世界では種の多様性こそ大切で、生命の保持とその持続性は多様性を失うと難しくなるようだ。社会構造においても単一では壊れやすく、長続きしないといわれている。組織や発想の変革が求められている今の時代、政治の世界でも多種多様な政党の発足も必然なのだろうか。

国民一人ひとりが政治への関心と参加意欲を持ち、しっかりとした意思表示をすれば、それが結果に現れるはずだ。

一人ひとりの政治への問題意識と関心の高さが試される年の瀬である。

政治の世界、合従連衡、いにしえより人の世の常、一寸先は闇だ。

合従連衡《がっしょうれんこう》：その時の利害に従って、結びついたり離れたりすること。もとは中国戦国時代、蘇秦《そしん》の合従策と張儀の連衡策のことをいう。従は縦の意で、南北に連なった趙《ちょう》、魏《ぎ》、韓《かん》、燕《えん》、斉《せい》、楚《そ》の六ヵ国が、縦の連合をして強国秦《しん》に対抗した策である。衡は横の意で、連衡はこの六ヵ国が秦とおのおの横に同盟を結んで、国を維持しようとした策である。

「癸巳《みずのとみ》」

新年あけましておめでとうございます。

平成二五年（二〇一三年）はヘビ年である。干支では癸巳である。

今年は、水性の陰干「癸《みずのと》」に火性の十二支の「巳《み》」が合わさって成立している。癸（みずのと・き）の漢字は「ホコの象形」とされている。そのホコを振り回して一巡りするとの意があり、数の序列が一巡りして終わることを示している。また、水、四方より流れて地中に入いるの形にもかたどるとされ水との関係がある。

巳（み・じ・し）は蛇の象形であり、子供の形でもある。

この一年はどのような年になるのだろうか。

水と火は正反対の性質を持つため、何かと落ち着かない世相になるかもしれない。

台風、ゲリラ豪雨、竜巻、火事や政治変化など天変地異とともに激動の年になるのだろうか。

干支は十干（甲・乙・丙・丁・戊・己・庚・辛・壬・癸）と十二支（子・丑・寅・卯・辰・巳・午・未・申・酉・戌・亥）を組み合わせるので、一〇と一二の最小公倍数六〇で同じ年を迎える。したがって、六〇年一巡りするのが還暦である。

今から六〇年前は、昭和二八年（一九五三年）である。NHKテレビ放送が開始され新たな時代の幕開けがあったが、吉田茂首相の「バカヤロー」発言がもとで内閣総辞職に至り、また中国からの引き揚げ第一船が舞鶴に入港した年であった。戦後の混乱からなんとか脱出しようとしていた時代である。

一二〇年前は、明治二六年（一八九三年）である。「文学界」が創刊され明治座が開場し、

「君が代」が文部省によって定められた。伊藤博文内閣が戦時大本営条例を公布した年でもあった。文明開化が定着しはじめるとともに、日清戦争前夜の様相を呈していた。

過去の癸巳の年、時代のエネルギーを発揮しつつも混沌の中にあったようだが、水剋火、水がうまく火にうちかてれば、巳の持つ火のエネルギーをコントロールし調和が取れた年にもなるだろう。巳の時とは、物事がたけなわであり勢いが盛んなさまをいうのである。

今年はヘビ年だが、都会では普段ヘビを見かけることが少なくなってしまった。

蛇は嫌われ恐れられてきたが、古くから畏怖の念でみられてきた。

日本人の心の深層には、古代蛇信仰が宿っているという（吉野裕子著「蛇　日本の蛇信仰」講談社学術文庫）。ヘビに対する強烈な畏敬と物凄い嫌悪、この二元の緊張が注連縄《しめなわ》・鏡《かがみ》餅《もち》・案山子《かかし》など数多くのヘビの象徴物を生んでいるという。縄文土器の頭部の紋様も蛇に由来するもので、日本民族は縄文時代からヘビを信仰していたと考えられている。

ギリシア神話の医術神アスクレピオスが持つ杖は、ヘビが巻き付いた杖であり、医術の象徴になっている。ヘビは脱皮するので、死と再生を司る医術の象徴になったと考えられる。

日本が、今年はヘビ年に因んで脱皮・再生の年になり、政治経済的にも日常生活上でも光り輝くことを願っている。

「蛇を描きて足を添う・蛇足《だそく》」

（しなくてもいいもの、しなくてもいいこと、余計なことのたとえ。）

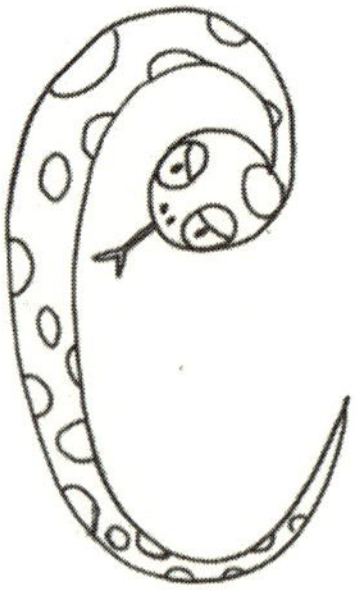

「什《じゅう》の掟《おきて》」

ならぬことはならぬのです。


平成二五年（二〇一三年）ＮＨＫ大河ドラマ「八重の桜」の主人公は、山本八重である。

会津藩砲術師範の娘として生まれ、会津戊辰戦争（慶応四年／明治元年、一八六八年）では銃を手に薩長と戦い奮戦、「幕末のジャンヌ・ダルク」と呼ばれた。その後、同志社大学を設立した新島襄と結婚、日清・日露戦争では篤志看護婦としても活躍した。時代の大きな転換期であった幕末・明治維新の時に、エネルギッシュで前向きに時代を生き抜いた八重は会津人の誇りである。西洋の感覚を身に付けながらも、最後まで武士の誇りと道徳にこだわった和魂洋才の烈女である。

会津魂を語る上で重要なものの一つが「什の掟」である。

会津藩士の家に生まれた六歳から九歳までの子供は、一〇人前後で集まりをつくっていた。この集まりのことを会津藩では「什」と呼び、年長者の一人が什長となった。什とは、一〇人を一組とするという意である。

毎日仲間がいずれかの家に集まり、什長が次のような「掟」を一つひとつみんなに聞かせ、昨日から今日にかけて「掟」に背いた者がいなかったかどうか反省会を開いた。

一、　年長者の言うことに背いてはなりませぬ
一、　年長者にはお辞儀をしなければなりませぬ
一、　嘘言を言うことはなりませぬ
一、　卑怯な振舞をしてはなりませぬ

一、　弱い者をいじめてはなりませぬ
一、　戸外で物を食べてはなりませぬ
一、　戸外で婦人と言葉を交えてはなりませぬ
　　ならぬことはならぬものです

　そして、「掟」に背いた者がいれば、什長はその者を部屋の真ん中に呼び出し、事実の有無を審問した。事実に間違いがなければ、年長者の間でどのような制裁を加えるかを相談し、子供たちは次のような制裁を加えた。

一、　無念《むねん》
　　一番軽い処罰。みんなに向かって「無念でありました。」といって、お辞儀をしてお詫びをする。「無念」ということは、「私は会津武士の子供としてあるまじきことをし、名誉を汚したことは申し訳がなく誠に残念であります。」という意味であった。

二、　竹篦《しっぺい》
　　いわゆる「シッペ」である。制裁の重さに応じて、手のひらに加えるかまたは手の甲に加えるか、何回加えるかを決めた。仲よしだからといって力を抜くものがいれば、

仕長は厳しくやり直しを命じた。

三、絶交《ぜっこう》

一番重い処罰。これを「派切《はぎ》る」といい、いわゆる「仲間はずれ」であった。稀な処罰だったが、一度「絶交」をいい渡された場合には、父兄が付き添い「掟」の集まりに来て、什長に深くお詫びをし、什の仲間から許されなければ、再度什の一員に入ることはできなかった。

四、その他

火鉢に手をかざす「手あぶり」や雪の中に突き倒して雪をかける「雪埋め」というような制裁もあった。

「什」の中では子供たち自身で審問、制裁も行いながら、会津武士の生き方や考え方を学び、励み合ったといわれている。

「教育は百年の計にして、藩の興隆は人材の育成にあり」

会津藩家老　田中玄宰（享和三年／一八〇三年）

「愛の鞭」

参加することに意義がある。

近代オリンピックの父、クーベルタン男爵の有名な言葉である。人生にとって大切なことは成功することではなく努力する、ということだ。オリンピックの理想は人間をつくること、つまり参加までの過程が大事であり、オリンピックに参加することは人と付き合うこと、すなわち世界平和の意味を含んでいた。クーベルタンが提唱したオリンピズム（オリンピックのあるべき姿）は、画期的なものであった。

スポーツを通して心身を向上させ、さらには文化・国籍などさまざまな差異を越え、友情、連帯感、フェアプレーの精神を持って理解し合うことで、平和でよりよい世界の実現に貢献する、というものである。

現在、オリンピック憲章の根本原則であるオリンピズムは、次のように記載されている。

「オリンピズムは人生哲学であり、肉体と意志と知性の資質を高めて融合させた、均衡のとれた総体としての人間を目指すものである。スポーツを文化や教育と融合させるオリンピズムが求めるものは、努力のうちに見出される喜び、よい手本となる教育的価値、普遍的・基本的・倫理的諸原則の尊重などに基づいた生き方の創造である。」

スポーツとその教育指導の在り方が、今、大問題になっている。すべてが勝利至上主義に走っていることである。

大阪市立高校での体罰を伴ったスポーツ指導の問題だけでなく、柔道女子日本代表選手に対して監督・コーチによる体罰問題も浮上している。問題はそれだけなのか。個々の競技スポーツでの選手と指導者間との問題だけでなく、スポーツ界とその指導者像との関係についてまで議論が深められている。

厳しい指導なくしてスポーツ選手の限界能力は引き出せないものなのだろうか。

「指導上、やむを得ない体罰はある」との考え、〝愛の鞭〟として容認する意見もあるようだ。日本では、自分の経験をよりどころにして最新の教育理論などを吸収しなくても指導者になれる現状があり、スポーツ指導者育成法や大学教育の在り方にまで問題が及んでいる。

スポーツ界だけでなく、日本社会の教育の在り方や教育体質の問題にまで発展しそうな勢いである。

柔道の父と呼ばれ講道館柔道の創始者である嘉納治五郎は、明治四二年（一九〇九年）に国際オリンピック委員会（ＩＯＣ）委員に日本人として初めて就任し、日本のオリンピック初参加に尽力するとともに、日本におけるスポーツの道を開拓した。

スポーツによる教育改革に熱心であった嘉納は、体育は身体を強くするだけでなく、自他ともに道徳的に高めることができ、さらに生涯続けることで心身ともに若々しく活動しながら幸福に生きることができる、と考えていた。

青少年教育、体育に熱心な教育者であった。

優れたスポーツ選手は人間的な魅力が感じられ、努力することの大切さや競技成績を上げるにとどまらず、その先の人生を拓いていくことにもつながる、と考えていたのだ。

「勝って、勝ちに傲ることなく、
負けて、負けに屈することなく、
安きにありて、油断することなく、
危きにありて、恐れることもなく、
ただ、ただ、一筋の道を踏んでゆけ。」

柔道家・教育者　嘉納治五郎

「コンクラーベ」

新しいローマ教皇が二〇一三年三月一三日に選出された。初代のローマ教皇ペテロから始まって、第二六六代の教皇である。アルゼンチン人で、一九三六年生まれ、本名ホルヘ・マリオ・ベルゴリオという、ブエノスアイレス大司教がローマ教皇に選出されたのだ。新教皇名は、「教皇フランシスコ」となる。フランシスコは史上初のアメリカ大陸出身のローマ教皇であり、史上初のイエズス会出身の教皇である。前教皇ベネディクト一六世の生前退位という六〇〇年ぶりの異例の中での選出であった。彼は、イタリア系アルゼンチン人であることから、新教皇はヨーロッパ以外の出身者からという時代の要請とイタリア人の教皇をというバチカンのお膝元イタリアでの機運を折衷した選択だといわれている。中南米の信者数が五億人を超え、世界全体のカトリック教徒の半数に迫るなど発言力を増してきたことも影響した模様だ。

三月一二日に始まったコンクラーベ（教皇選挙）の五回目の投票で三分の二を超える票を獲得して選出されたのである。コンクラーベとは、「鍵がかかった」の意である。教皇を選ぶために鍵をかけて、聖職者たちを建物に閉じ込めて選挙を行ったことに由来する。二年以上も教皇が決まらず信者たちのひんしゅくを買ったことがあり、枢機卿らを息苦しい環境に置くことで早期決定を促す必要があったからだ。今では規制が緩和され、会場となるシスティナ礼拝堂には閉じ込めず、バチカンに新築された宿舎ドムス・サンクテ・マルテ（聖マルタの家）という宿舎で生活しながら、礼拝堂や庭園も散歩できるようになっている。投票はシスティナ礼拝堂で行われる。コンクラーベに参加できるのは世界の八〇歳未満の枢機卿であり、現在、参加資格を持つのは一一七人である。選ばれる対象は男性信徒全体であり、三分の二以上の得票者が出るまで無記名投票を繰り返す。選挙中はメディアと連絡を取ることや電話などの使用は禁止されている。

投票用紙はすぐに燃やし、新教皇が決まったらシスティナ礼拝堂の煙突から白い煙を立ち上らせる。未決の場合は黒い煙だ。ヨハネ・パウロ一世が選ばれた一九七八年には灰色の煙が出て混乱した。二〇〇五年の選挙からは、白い煙が出た直後にサン・ピエトロ大聖堂の鐘を鳴らして正式な合図とした。

カトリック教会はローマ教皇を中心とし、全世界に一二億人以上の信徒がいる、キリスト教最大の教派である。

ローマ教皇の言動や行動の一つひとつが世界に与え、影響は極めて大である。信仰の問題だけでなく平和や正義についても期待が大きい。

教皇フランシスコは、「清貧と平和」を旨とする穏健な保守派であるとされる。

キリスト教の原理的な教義を重んじる保守派と、現代社会に即した対応を促すリベラル派の対立が激しい近年のカトリック教会であるが、新しい教皇のバランス感覚が求められているようだ。

教皇フランシスコの第一声

「ご存じのようにコンクラーベの義務はローマに司教を与えることですが、兄弟である枢機卿団は、ローマの司教を得るために世界の果てまで行ってきたようです。……まず、名誉教皇ベネディクト一六世に主の祝福と聖母のご加護がもたらされるように祈りましょう。」

Ad Majorem Dei Gloriam（神のより大いなる栄光のために）

イエズス会のモットー

「無意味の意味」

フラッシュモブ（Flash Mob）、不思議な社会現象である。ニューヨークで、二〇〇三年五月にこの新現象は生まれた。ビル・ワジク氏によって企画され、電子メールを通じて不特定多数の人に呼びかけられたもので、ニューヨークのある駅に集まってバレエダンスをして、解散するという内容であった。

フラッシュモブとは、インターネット、特に電子メールを介して不特定多数の人間が、空港、駅や公園など公共の場に突如集合して、目的を達成すると即座に解散する行為である。不特定多数の人にドッキリを行うのである。駅で一斉に死んだふりをしたり、一時停止して時間を止めてみせたり、大きな枕を持ってきてそれで闘ったりと多岐にわたっている。難しくせず、単純なパフォーマンスを求めることが多い。

その中でも町中の人が急に踊り出す、ダンスフラッシュモブがとても素敵だという。

アメリカのみならずスウェーデン、日本、インド、ロシア、ポルトガル、オーストラリア、ベルギー、イギリス、カナダなど世界の各都市でみられる光景となってきている。

ニューヨーク発祥のフラッシュモブは、誰かから電子メールによって招待された人間が参加することと、政治的メッセージを含まない、無目的な行動を取るという点が特徴である。

フラッシュモブ以前から、一見、無意味にみえる行動、行為は行われてきた歴史がある。江戸時代、お蔭参《かげまい》りは庶民の集団的伊勢神宮参詣であった。宝永二年（一七〇五年）、明和八年（一七七一年）、天保元年（一八三〇年）の三度、ほぼ六〇年周期で発生し、多くの人々が参加した。毎回二〇〇万―三〇〇万の人が伊勢を目指した。当時の日本の人口からみると、多い時には七―八人に一人が伊勢まで旅したことになる。

伊勢神宮のお札が降るなどの神異を契機として発生したお蔭参りであるが、道中では歌い、踊り歩き、自由に振る舞うなどの行動がみられた。参加者の中には、子供は親に、妻は夫に、奉公人は主人に断りなく飛び出すという無責任で自由きままな抜け参りが多く存在したという。このことからお蔭参りは、抜け参りまたはお伊勢参りとも呼ばれている。大金を持たなくても信心の旅ということで、沿道の施しを受けることができた時期もあったようだ。江戸からは片道一五日間、大阪からでも五日間、名古屋からは三日間、東北からも、九州からも参宮者は歩いて参拝した。岩手の釜石からは一〇〇日もかかったという。

このお蔭参りの後には、お蔭踊りが行われ、「ええじゃないか」踊りもその影響を受けているという。

「ええじゃないか」は江戸時代の末期、慶応三年（一八六七年）七月から慶応四年（一八六八年）四月にかけて、江戸以西の地に起こった大衆乱舞であった。「ええじゃないか」のはやし言葉の下、集団で町々を巡り、熱狂的に人々が踊った社会現象であった。踊り手は仮装し、男が女装、女が男装することもあったという。

群衆が突如踊りはじめ、三昧の境地に入る。

インターネットが普及した現在、この時代にしか現れないダンスフラッシュモブではあるが、その無意味とも思える行為は、どのような意味ある社会現象なのだろうか。

無意味の意味　解釈いろいろ
「たまには無意味なことをしてみるのもよいものだ。そのことに意味があるかもしれない」

「どんなに無意味だと思えることにも、必ず意味があるものだ」
「今は意味がわからないから意味がないと思うかもしれないが、いつかわかる時が来る」
「『無意味』は意味がないという意味だが、『意味がない』という意味があるじゃないか」

「内なるテロ」

アメリカ、ボストンマラソンで四月一五日に起こった爆弾テロが、アメリカ社会に波紋を投げかけている。

テロを起こしたのは、アメリカ在住のチェチェン系兄弟であった。国際テロ組織からの直接の指示、関連はなかったようである。

なにが大きな問題、パニックになっているのか。

二〇〇一年九月一一日、アメリカで起こった同時多発テロ事件以来、テロとの戦いという大義のもとにアメリカはイラクやアフガニスタンへ侵攻し、首謀者のオサマ・ビン・ラディンを葬り去り、テロとの戦いに勝利していたかにみえていた。そのような状況下での、内なるテロ（Home grown terrorism）である。外にいる敵には武力で勝っているが、内なる敵を育んでいるのだ。個人的なテロ、内なるものとなると防ぎようがない。

人間の内面的、精神的な問題に関わるのだ。

全米を震わせたテロを読み解くカギは、チェチェンの人たちの複雑な自己意識にあるという。ロシアの黒海とカスピ海との間、四国ほどの大きさの山地、北コーカサスに古くから住んでいたチェチェン人は、第二次世界大戦中には民族ごと対独協力を恐れたスターリンによって、ユーラシア大陸のど真ん中カザフスタンへ強制移住させられた。フルシチョフによって母国への帰還を許されたのは戦後、一九五七年のことである。二〇世紀の歴史に翻弄させられた人たちである。

チェチェンの男たちは、厳格な掟のもとで育っている。

一人前の男の素養として、ボクシングかレスリングの修得は必須である。

男の子は物心がつくと、父方の七代前までの先祖の名前、出生地、死亡地を暗記させられる。七代前までの先祖が誰かに殺害された場合、その男系子孫は「血の報復の掟」が適応される。仇討が現在まで続いているのだ。

「血の掟」があり、七代前までの先祖を覚えているために、ロシア、中央アジア、ヨーロッパやアメリカに住むチェチェン人は濃淡の差はあれ、チェチェン人としてのアイデンティティを保持している、という。このような民族意識を背景にして、イスラム教徒のチェチェン系兄弟は、何らかのことが契機になり、反米テロに傾いたのであろう。

内なるテロの問題は根が深く、解決は容易ではない。

「一つ、神は天地の主宰にして、人は万物の霊なり。」

（この世は目にみえないものが支配している。神といってもいい。人は万物の霊なりとは、万物に優れて貴い、人間には心や知があるということである。しかし知や心というものは、常に転落の危機に瀕している。なぜなら人は動物《うごくもの》であり、善に動かざる時には不善に働き、種々転変してやまざるものは人

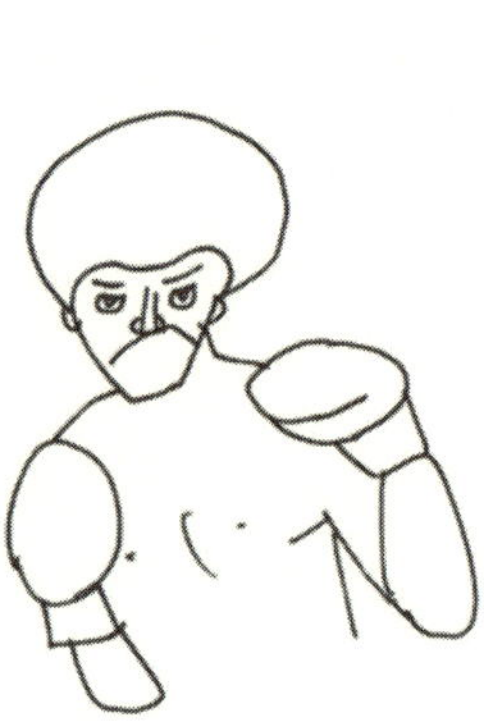

の心である。心は善悪二つの入れ物なのだ。人は知あるがゆえに貴いが知あるがゆえにあさましい。

それゆえ常に知を正しく明らかに保ち、心を修めなければならない。つまり、人が万物の霊であることと教化の問題は切り離せない。人の道、人倫の道を教えてはじめて人間になるわけだ。真っ白なうちに人の道を教えないと手遅れになる。）

「一つ、善道を以って身を修め、信義を以って人に交わる。」

（善良なる思想を身に付け、人との交流は信が重要である。）

牧田宗太郎「自傳教悦」一三一頁

「一球入魂」

野球は道具を使用して楽しむ集団球技スポーツである。わが国では少年野球から高校、大学、社会人そしてプロ野球と幅広い人気と競技人口を有している。

野球は一八三〇年頃、アメリカで始まり、キューバやドミニカなどカリブ海や中南米の国々、日本、韓国、台湾など東アジア地域で人気が高い。

日本へは明治期に導入された。俳人として有名な正岡子規は、日本へ野球が導入された頃の熱心な選手、捕手であり、自分の幼名「升《のぼる》」にちなんで、「野球《のぼる》」という雅号を用いたこともあったという。野球という表記を最初に行い、バッターを打者、ランナーを走者、フォアボールを四球、ストレートを直球、フライボールを飛球など日本語に訳したのも子規である。野球に関係のある句や歌を詠むなど、文学を通じて野球の普及に貢献したことが評価され、子規は平成一四年（二〇〇二年）野球殿堂入りした。

野球は、明治期から大正、昭和の前半までは東京六大学野球に代表され、学生野球の人気が高かった。知識は学問から、人格はスポーツからとの考えもあり、西洋伝来のスポーツであるベースボールを日本発祥の武道に通じる野球道ととらえ、試合よりも練習に取り組む姿勢を重要視し、教育の一環として大切なものであると考えたのである。試合で実力を発揮するためには、練習で常に最善を尽くすべしという、「練習常善」の精神の下、猛練習こそ真の実力を備える道と考えた。

第二次世界大戦時には敵国のスポーツとして一時禁止された期間もあったが、戦後、特に昭和三〇年代（一九五〇年代半ば）からは長嶋茂雄や王貞治などプロ野球選手の大活躍で国民的人気を博し、プロ野球が野球人気を担ってきた。

平成七年（一九九五年）に野茂英雄がロサンゼルス・ドジャースへ移籍し成功を収めてからは、次々と日本国内の人気プロ野球選手たちがメジャーリーグに挑戦し、イチロー、ダルビッシュなど多くの日本人選手がアメリカで活躍している。

またワールドベースボールクラシック（WBC）では、日本が第一回大会から二連覇して、盛り上がりをみせた。WBCなど国際試合で採用されているボールに近付けることや球団ごとに異なるボールが使われていることに対する批判があり、平成二三年（二〇一一年）度から一二球団すべてでミズノ製の低反発ゴム材を用いた統一球が採用された。このボールは、コルクやゴムの芯に糸を巻き付け、それを牛革で覆い、縫い合わせてつくられる。一球あたりの縫い目は一〇八個あり、重量一四一・七―一四八・八g、円周二二・九―二三・五㎝と定められている。プロ野球で使われる公式球は、時速二七〇㎞（ボールとバットの標準的な相対速度）時における反発係数が〇・四一―〇・四四の基準を満たすボールである。

低反発球が採用された結果、著しく安打や本塁打数が減少した。試合の盛り上がりに欠け、観客動員数の減少にも影響があるのではといわれはじめた。このような状況下、平成二五年（二〇一三年）開幕以来、「ボールが飛ぶようになった」という指摘が数多くなっていた。日本野球機構（NPB）はプロ野球を統括している一般社団法人であるが、事務局からはボールの変更はないと説明していたにもかかわらず、実はボールの芯を取り巻くゴムの成分に変更があったことが、平成二五年六月一二日付けコミッショナーの会見から判明した。ボールに変更があったならば、なにも隠すことはなく予め公表していれば何ら問題がなかった筈である。陰で独善的に動いている人物がいるのか、あるいは機構の体質が旧態依然としているのであろうか。野球を職業としているプロ野球選手にとって、球の仕様や感触が変わったことな

ど直感的にわかることだ。国民的人気プロスポーツ界執行部での理解困難な出来事である。

一球入魂：ベースボールを野球道と考え、一球一球真剣に取り組もうとする姿勢

「マララ」

「一人の子供、一人の先生、一冊の本そして一本のペンが世界を変える。教育こそがすべてを解決するのだ。」

マララ・ユスフザイ、一六歳のパキスタン少女が、二〇一三年七月一二日、ニューヨークの国連本部で演説した。覚悟と使命感の高い訴えである。

マララは、二〇一二年一〇月、パキスタンの学校からバスで帰宅途中武装勢力に襲われ、

頭を銃で撃たれた。反政府武装勢力タリバーン運動が犯行を認めた。損傷した頭蓋骨の修復手術をイギリスの病院で受け、マララは奇跡的に回復した。現在、イギリス、バーミンガムの学校に通っている。

銃撃後も信念を曲げず、すべての子供に教育を受ける権利の実現を訴え、教育を受けられない子供のために活動を続けると全世界に宣言した。

この日は、マララの誕生日であり、国連は「マララ・デー」と題して世界八〇ヵ国以上から約五〇〇人の若者を国連本部に招き、回復と誕生日のお祝いをした。

「この日は、私個人の日ではない。権利を訴えるすべての女性や子供たちの日だ。女性や子供たちのために、教育を受ける権利を訴えたい。」と、マララは語りかけた。続いて、自身の被弾のことにも触れ、「何千もの人がテロリストに殺され、何百万人もの人が負傷させられた。私もその一人だ。その声なき人々のためにも訴えたい。テロリストは私と友人を銃弾で黙らせようとしたが、私たちは止められない。私の志や希望、夢はなにも変わらない。私は誰にも敵対はしない。私は誰も憎んでいない。タリバーンやすべての過激派の息子たちや娘たちに教育を受けさせたい。

過激派は本やペンを怖がる。教育の力、女性の声の力を恐れる。世界の多くの地域で、テロリズムや戦争が、子供の教育の機会を妨げている。」と憎しみを愛で満たし、テロや戦争の問題点を語った。

さらに、「すべての政府に無償の義務教育を求める。世界中の姉妹たち、勇敢になって知識という武器で力をつけよう。連帯することで自らを守ろう。本とペンを手に取ろう。それが一番強い武器である。一人の子供、一人の先生、一冊の本そして一本のペンが世界を変える。教育こそがすべてを解決する。」と、力説した。

タリバーンは、パキスタンとアフガニスタンで活動するイスラム主義運動である。「タリバーン」という語は「学生」を意味し、イスラム神学校で軍事的あるいは神学的に教育・訓練された生徒から構成されている。

タリバーンの起源は、ソビエト連邦のアフガニスタン侵攻（一九七九―一九八八年）後、長年の内戦により無秩序、無法状態に陥った国アフガニスタンを憂えて、イスラム教に基づき治安と秩序の回復のために立ち上がった若者たちである。彼らが国境付近のパキスタン難民キャンプで聖書を学んだ場所は、教員も整っていない神学校であった。そこの神学校出身者二〇人が、結集時のタリバーン隊士であるといわれている。

タリバーンはイスラム教の戒律を極端に厳格適応し、服装の規制、音楽や写真の禁止、娯楽の禁止、女子教育の禁止などを強制している。欧米の民主主義国家が是としていることに異議を唱え、行動しているのだ。

マララも、再襲撃をタリバーンから予告されている。また、パキスタン政府が、地元女子大学の名前を「マララ」と改名しようとしたところ、反対運動のため頓挫したという。テロの標的となるのを恐れたのである。

どのような国になるのか、国家命運の計は教育にあり。

マララ演説が、われわれに教育の原点を再認識させた意義は深い。

日本国憲法

第二六条【教育を受ける権利、教育の義務】

第一項　すべて国民は、法律の定めるところにより、その能力に応じて、ひとしく教育を受ける権利を有する。

第二項　すべて国民は、法律の定めるところにより、その保護する子女に普通教育を受けさせる義務を負う。義務教育は、これを無償とする。

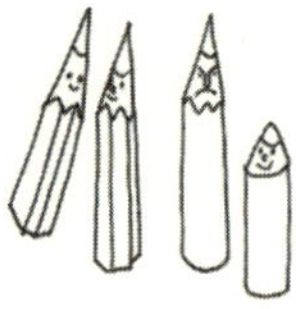

「陽は昇り、日は沈む」

太陽は東から昇り、西へ沈む。

人は一日一日を過ごし、月日を経て、春夏秋冬を巡り、齢を重ねる。

あらゆる生命を育む太陽は、海の彼方から毎日新たに生まれ、西の彼方へ没するという世界観は、日の出の太陽を崇拝し、西方浄土は死後の世界であり西の彼方にあるととらえる人々を納得させる。地球のまわりを太陽が回っているという天動説から、地球が太陽のまわりを回っているという地動説に変わったのは、約五〇〇年前ポーランド生まれのコペルニクス（一四七三―一五四三年）の著作「天体の回転について」がその宇宙観を転換させてからである。人は古代より長い間、天動説的考え方で生きてきたといってもよい。日常的な生活に関する限り、天動説であっても特に不自由はなかったともいえる。

太陽は海から生まれ、西の彼方へ没するのである。

太陽神である天照大御神《あまてらすおおみかみ》は、伊勢神宮の内宮《ないくう》に祀られている。天照大御神は皇室の御祖神《みおやかみ》、女神であり、日本人の総氏神である。

平成二五年（二〇一三年）は「式年遷宮《しきねんせんぐう》」の年であり、二〇年に一度のお引っ越しの年である。式年遷宮は社殿をはじめ、調度品を新調し、神様に新しい御殿にお遷りいただく祭りである。今年で、第六二回目の式年遷宮となる。

持統天皇四年（六九〇年）に初めて式年遷宮が行われ、中世の戦国時代に一時途絶えたものの約一三〇〇年以上続けられており、日本で最も重要なお祭りの一つである。

二〇年に一度の周期で式年遷宮するのは、檜や萱で建てられている神宮は二〇年で新装が必要になることや、日本古来の建築技術や伝統工芸の技、もの造りの精神が絶えることなく現役から後輩に受け継がれるという意義がある。

二〇年という歳月は、世代がうまく重なり、継続性を持つには適度な時間でもある。人の運命や会社の社運も二〇年を一区切りに転変変化するものである。同じものが持続繁栄する期間は二〇年、栄ある時に次なる変化への対応、新たな成長を考え行動することが重要だといわれる由縁である。天変地異の著しい日本においては、常に変わりつつもしなやかに存在するには遷宮という手法が必要だと、古代の人は気付いたのであろう。

伊勢神宮の正式名称は「神宮」。神宮は一つのお宮を指すのではなく、内宮・外宮の両宮を中心に、一四の別宮と一〇九の摂社・末社・所管社から成り立つ一二五社の総称である。豊かな緑に包まれた、すがすがしい参道を歩けば、神域の自然の美しさ、あふれでる生命力が心にうるおいを与えてくれ、不思議さを感じ、力を得ることができる。

「あかあかと日は昇り　あかあかと日は沈む
何億回というくりかえしなのに　その新鮮さ
それゆえに　わたしは手を合わせ
その光を吸収する
命の充実のため
心の更新のため」

坂村真民「念に生きる」

「二〇二〇」

“Tokyo 2020”、ロゲIOC会長の五輪開催地、東京決定の発表である。

アルゼンチン、ブエノスアイレスでのIOC総会で、平成二五年（二〇一三年）国際オリンピック・パラリンピックが東京で開催されることが決まった。ライバル都市トルコのイスタンブールやスペインのマドリードと最後まで競い合い、東京が選ばれた。

昭和三九年（一九六四年）東京五輪から五六年後、二回目のオリンピック東京開催である。

会期は平成三二年七月二四日から八月九日までの一七日間である。東京都中央区晴海に建設される選手村から半径八km圏内に八五％の競技会場を配置するコンパクトさが持ち味である。東日本大震災からの復興五輪を掲げ、聖火リレーは被災地を回り、宮城県ではサッカーの一次リーグが開催される。マラソンコースは国立競技場を発着し、都心の観光名所を巡って浅草で折り返すルートが計画されている。

五輪スタジアムに予定されている国立競技場は、昭和三九年東京五輪のメーン会場を全面改築し、現在の五万人から開閉式屋根を備えた八万人収容の全天候型に生まれ変わる。過去と未来をつなぐ五輪のシンボルになりそうだ。

その他の会場は、昭和三九年東京五輪で使われた既存施設と、臨海部の東京ベイゾーンの二群に分かれる。臨海部には夢の島地区の五輪水泳センターをはじめ新会場の建設が数多く予定されている。競技も日本のお家芸の一つ、レスリングが存続することも決定された。

日本中に夢と希望を与える、“Tokyo 2020”である。

昭和三九年の東京五輪は日本の経済成長のシンボル的存在であった。平成三二年の東京五輪は、日本の成熟、高齢化社会の豊かさ、活力をアピールできる大会になるだろう。

オリンピック・ムーブメント（スポーツを通じて、友情、連帯、フェアプレーの精神を培い相互に理解し合うことにより世界の人々が手をつなぎ、世界平和を目指す運動）を日本から世界に誇り高く発信したいものである。

七年後の、世界は、日本は、家族は、自分はどこで、なにをしながら、どのようになっているのだろうか。イラクやアフガニスタンは民主的、平和国家になっているのだろうか。シリアもよくなっているのだろうか。北朝鮮、中国、韓国などと日本の関係は友好、相互互恵関係になっているのだろうか。日本の経済は順調な歩みを続けているのだろうか。福島第一原発の放射能コントロール、原子炉の廃炉の工程に課題はクリアされているのだろうか。水、食料品、大気などの汚染は大丈夫なのだろうか。日本の借金はどれくらいになっているのだろうか。想定外の災害が起こっていないのだろうか。消費税率は何％になっているのだろうか。子供たちはそれぞれ自立して、充実した人生を送っているのだろうか。自分の生活や健康、趣味は維持できているのだろうか。……

平成三二年に思いを馳せて、“Tokyo 2020”は夢や目標を一人ひとりが描ける記念の年になりそうだ。

「オリンピックで重要なことは、勝つことではなく、参加することである。人生で大切なことは、成功することではなく、努力することである。」

「自己を知る、自己を律する、自己に打ち克つ、これこそがアスリートの義務であり、最も大切なことである。」

クーベルタン（近代オリンピックの創始者）

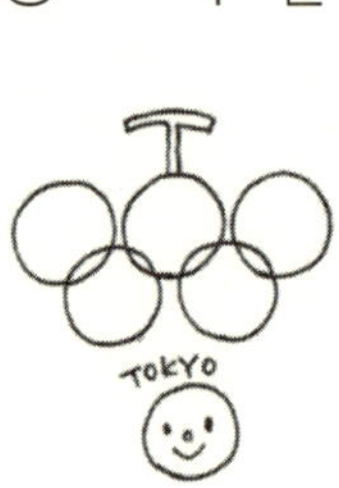

「三好長慶《みよしながよし》」

関西山城サミット「飯盛山城と文人　三好長慶」が、摂河泉地域文化研究センター主催で、平成二五年（二〇一三年）一〇月一三日、四條畷学園清風学舎八〇周年記念ホールで開催された。

これを機縁に、三好長慶についての一文を書いてみる。

三好長慶は戦国時代末の畿内・阿波国の戦国大名である。

大永二年（一五二二年）二月一三日、三好元長の嫡男として現在の徳島県三好市に生まれた。父は細川晴元支配下の有力な重臣で、阿波（徳島）だけでなく山城（京都）にも勢力を誇っていたが、その勢威を恐れた晴元らの策謀で蜂起した一向一揆によって、享禄五年（一五三二年）六月に父は亡くなったが、長慶は一向一揆襲来前に阿波へ帰ったため命拾いをしたという。

戦国時代、下克上、実力主義の中で次第に力をつけ、足利第一三代将軍 義輝の時代には実権を握るほどの実力者となり、幕府の主導者として幕政の実権を掌握した。陰の将軍として活躍、永禄二年（一五五九年）、三好長慶の権勢はまさに絶頂期に達していた。

永禄三年（一五六〇年）には飯盛山城（大東市と四條畷市とにまたがっている）を居城として河内支配の拠点とした。その支配は一〇ヵ国にも及び河内、山城、丹波、和泉、阿波、淡路、讃岐、播磨、大和、摂津であり、現在の京都、奈良、大阪、兵庫、徳島そして香川県と広範囲であった。飯盛山の山頂から京都方面は比叡山、比良山、北山、男山をみることができ、北の方角では大山崎、北摂の山々、西の方では神戸、須磨、明石大橋、神戸空港、淡路島、徳島までを眺望でき、この視界二七〇度のパノラマは三好長慶の支配領地とも重なっていた。飯盛山城に政権の拠点を置いた理由は、首都京都や大阪平野を見晴らせることができ、西国街道や東高野街道をおさえる必要のためといわれている。

奢れるものは久しからず、永禄七年（一五六四年）七月四日、長慶は飯盛山城で病死、享年四二歳であった。跡継ぎが若年であったことなどにより、死んだことはしばらく秘密にされ、葬儀は二年後の永禄九年（一五六六年）に行われたという。

その後、永禄一一年（一五六八年）織田信長が足利義昭を奉じて京の都に上洛、内紛状態の三好一族から政権を奪取したのである。

室町幕府が滅亡した元亀四年（一五七三年）と同じ年、天正元年三好氏も滅亡した。

長慶はキリスト教をよく理解し、自らはキリシタンにはなっていないが、畿内での布教活動などを許してキリシタンを保護していた。永禄六年（一五六三年）には飯盛山城に説教者ロレンソ了斉が来て、世界の創造主の存在、霊魂の不滅、デウスの御子による人類の救済などキリスト教についての話をした。その時、長慶の家臣七三人がまったく納得し、キリシタン信仰を告白、洗礼を受けたという（完訳フロイス「日本史」中公文庫S15-1 一七〇頁）。

飯盛山城を中心に河内地方が「キリシタン信仰の聖地」として栄え、戦国時代末期には当地を中心に八〇〇〇人を超える多くのキリシタンがいたという歴史があるが、長慶が果たした役割が極めて大であったのである。

天正一五年（一五八七年）、豊臣秀吉により「伴天連追放令」が出されたため、今の河内にはキリシタンの痕跡はわずかしか残っていない。

三好長慶は学問があり風流を解するといった教養人の印象が強く、ほかの戦国武将に比べて不敵さ、鋭さ、泥臭さに欠けている面があった。

朝廷との関係を重んじ、和歌の上句の五・七・五の長句と下句の七・七の短句を交互に詠み続ける連歌会をたびたび開くなど、豊かな文化人としても評価されている。

「歌連歌ぬるきものぞと言うものの　梓弓矢も取りたるもなし」

三好長慶

「楽天イーグルス」

楽天イーグルス（東北楽天ゴールデンイーグルス）がプロ野球日本一になった。Kスタ宮城（日本製紙クリネックススタジアム宮城）で、平成二五年（二〇一三年）一一月三日、田中将大投手が九回に登場して、零封リレーで巨人を破ったのである。

楽天が日本プロ野球団に新規参入したのは、平成一七年（二〇〇五年）であり、創設九年で日本一になった。当初はパ・リーグ球団の中でも最下位スタート、しばらく低迷が続きお荷物球団になっていた。平成一八年（二〇〇六年）から野村克也が監督となり、甲子園で大活躍した田中将大投手を高校生ドラフトで駒大苫小牧から獲得したが、野村監督の四年間も順位の多くはBクラス。平成二三年（二〇一一年）星野仙一が監督となるが、就任早々、東日本大震災が起こり苦難の船出となった。地震の影響でホームでの試合も満足にできず、順位もパ・リーグ球団の中で五位、四位とどたばたしていた。

平成二五年の春、新人の則本昂大が開幕投手となったが、黒星スタート。序盤戦は勝率五割前後の成績であったが、交流戦で二位と優勝争いするほどの力を発揮し、七月に首位になった。前半戦をそのまま首位で折り返し、その後は首位を明け渡すことなく、パ・リーグ優勝、クライマックスシリーズにも勝利、そして日本シリーズをセ・リーグ覇者の巨人と闘ったのである。

田中将大投手はシーズンを通して負けがなく、開幕から二四連勝、前年八月二六日からは二八連勝と、日本プロ野球新記録を樹立した。二四勝〇敗一セーブで日本プロ野球史上初のシーズン無敗で最多勝、最優秀防御率、勝率一位投手を獲得した。巨人との日本シリーズ第二戦では勝利したが、三勝二敗と王手をかけた第六戦では二対四で敗れ、シーズン通じて初の敗戦投手となった。一一月三日の第七戦では田中将大投手が再び九回のマウンドにあがり三対〇で勝利、日本シリーズ四勝三敗で、楽天は初出場、初の日本一となったのである。

今回、楽天イーグルスが日本一になったことには大きな意味がある。東日本大震災から三年近くなるのに復旧・復興は遅々としており、福島第一原子力発電所の放射能汚染も水の処理だけみても混沌とした状態。被災者の諦め、失望感は被災地の現風景をみただけでわかる。

東北の被災地の人々、東北に住む人たちへ、勇気と希望、生きる意欲を楽天イーグルスは与えた。日本一は最高のタイミングであった。チームスローガンも「Smart & Spirit 2011 真っすぐ」「Smart & Spirit 2012 ともに、前へ」、そして「Smart & Spirit 2013 HEAT!!」と熱き心と優しさのあるものである。

野村監督は規律を重んじ、染髪、長髪、モヒカン等の髪型や髭を禁止した。人として、社会人としての基本を教え込んだ。チームの要となるキャッチャー嶋基宏への重点的な指導もあったという。

野村監督が畑を耕し、種をまき、星野監督がつぼみにし、花を咲かせた。大輪の花が、今回いっきに東北の地に咲いたのである。見事である。

野球は個人の能力以上に組織力が重要である。

それを動かす側と動く側がどれだけわかり合えるかということ。

楽天イーグルスの日本一は、チームスローガン「Smart & Spirit 2013 HEAT!」の下に、選手、監督、ファン、東北の地域の人たち、球団運営の楽天が、大震災からの復旧・復興への希望、優勝という目標に一丸となって向かっていった結果である。


おめでとう！　東北楽天ゴールデンイーグルス

「ローマは一日にしてならず！」

（長い間の努力の積み重ねなくして、大事業は完成せず。）

「人生は、玄《くろ》い冬から始まる」

新年あけましておめでとうございます。

平成二六年（二〇一四年）は、馬年である。干支は甲午《きのえうま》である。甲は、すべてのもののはじめをいう。午は、『字統』（白川静）によれば、杵形の器の形を示し、呪器として用いられたものである。それは防御的な意味の祭儀であるから、逆らう意を生じる。のち一二支獣に配して、「ウマ」になった。字義からすると、本年は、いろいろなものの始まりがあり、これまでのことの逆転が予想される。政治は安定し、経済はデフレを脱却して好景気に向かうのだろうか。国際情勢はどのように推移するのだろうか。日本を取り巻く領土、領海、領空問題においても、日米同盟に基づいた従来の安定性が損なわれ、摩擦や衝突の前触れが始まるのであろうか。これまでの閉塞感から脱却して、日々前向きに安定した生活を送る人たちが多くなるのだろうか。厳しい状況下でも、今年一年、慶事を期待したい。

四條畷は、古墳時代の中頃、一五〇〇年前には馬飼いの里であった。馬一体分が発見された遺跡や馬のまつり場として、祭具や楽器なども出土している。体高一二五㎝の小型の馬が朝鮮半島から小舟に乗って、瀬戸内海から大阪湾を経て、当時は海とも続いていた河内潟にやってきて、四條畷の浜に到着した。馬は当時大変貴重なもので、ものの輸送や戦争など軍馬としての役割もあったようだ。継体天皇が河内樟葉宮で越（今の福井県）からやってきて、五〇七年に即位したが、当地の馬飼いの統領、河内馬飼首荒籠《かわちのうまかいのおびとあらこ》は天皇の有力な支援者であった。馬と四條畷との関係は深い。馬年と四條畷学園の飛躍、新しい年に良縁が結ばれることを願っている。

年頭には希望や夢を抱き、大輪の花を咲かせるように、皆、努力して生きていこうとする。朝顔は、闇の底に咲く花であるという。

ある生物学者が、どうして朝顔は朝になるときちんと花を咲かせるのかという疑問を持ち、朝顔の研究を続けた。朝顔が朝開くためには、それに先立つ数時間の冷たい夜が必要であるという。花を咲かせるのは、光や温かい温度ではなく、冷たい夜と闇なのだ。夜の時間、闇の暗さが重要なのである。

季節は春から始まるのではない。

古代中国の殷周時代には、冬至が年始の基準であり、冬が季節の始まりであった。人生の四季も季節のスタートと同じで、冬から始まると考えてよい。私たちの人生は、闇の中、冷たく厳しい冬の中で始まり、自分の行く末を模索しながら、なんとなく不安な時間を過ごす。しかし、この時間こそ、本当の意味での人生の春、希望が訪れてくるのを、奥深いところで待ちわびる大切な時である。

スポーツでも勉強でも成功するためには、人がみていないところ、していない時、心身ともに厳しい場合でも、忍耐強く、毎日毎日繰り返し取り組むことが必要な条件である。そして一歩抜きん出るには努力の上に、辛抱という棒を立てることである。

この棒に花が咲くのである。

「人生は、玄《くろ》い冬ではじまり、
青い春と朱《あか》い夏を経て、
白い秋に至る。
暗い冬で終わるのではない。」

堺屋太一『団塊の秋』祥伝社（二〇一三）

至言である。

一、年頭まず自ら意気を新たにすべし
一、年頭古き悔恨《かいこん》を棄つべし
一、年頭決然滞事《たいじ》を一掃すべし
一、年頭新たに一善事を発願《ほつがん》すべし
一、年頭新たに一佳書を読み始むべし

（安岡正篤一日一言　一月一日）

「陽明学者　安岡正篤《やすおかまさひろ》」

安岡正篤氏は、明治三一年（一八九八年）大阪市生まれの陽明学者、東洋思想家である。四條畷学園（大正一五年／一九二六年創立）の創設者　牧田宗太郎先生の教え子である。

安岡氏は明治四三年（一九一〇年）、大阪府立四條畷中学校（現　四條畷高等学校）へ入学し、大正五年（一九一六年）卒業、中学九期生である。牧田先生は、明治三六年（一九〇三年）四條畷中学校開校時から首席教諭として奉職し、大正一三年（一九一四年）まで二一年間在職、最後は校長になり退職された。退任の後、牧田先生は、大正一五年四條畷高等女学校を創設した。

中学一年生の堀田（後の安岡）正篤氏は、明治四三年七月九日、中学校第八回談話会（弁論大会）において、〝協同一致〟のテーマで熱弁を振るった。その発表は上出来であり、かつ実践躬行《じっせんきゅうこう》を勧めていたのは大変良かった、と講評されている（「畷百年史」九八頁）。発表内容は、五年生を含む弁士二〇人の中で五位の成績であった。若くして陽明学者として大成し、戦前・戦後を問わず多数の政治家に師と仰がれた安岡氏は、中学生の時から大器の片鱗を示していたのである。学校法人四條畷学園は、現在、幼稚園、小学校、中学校、高等学校、短期大学、大学の総合学園であるが、教育理念に〝実践躬行〟（品性人格は、単に知識を身に付けるだけでなく、身をもって実際に行うことにより修得される）を掲げている。この四條畷学園の教育理念は、安岡少年の主張とも繋《つな》がっている。

安岡氏は、大正五年第一高等学校へ入学した。そこで大変なショックを受けた。幼少期から四書五経を学び漢学の素養を身に付けていたが、そこでは漢学などは時代錯誤とされ、欧米万能、泰西思想の全盛時代であった。社会主義や無政府主義の考え方にも驚愕《きょうがく》した。また、共産主義者は直ちに革命運動を行って、社会の底から改革しようと唱道していた。煩悶懊悩《はんもんおうのう》の末、東西文化の比較研究、東洋思想、日本思想について探求し始めた。その結果、社会主義を駆逐しなければ日本が滅ぶ。共産主義を滅して、日本維新を画策しなければ国も我も滅ぶ、という結論に達したという。

大正一一年（一九二二年）に東京帝国大学卒業記念として出版した安岡正篤氏の『王陽明研究』は、伝統的日本主義を主張し注目された。

その後も東洋哲学から多くを学び、日本人としての道を模索し続け、世の中をよくするには、公使ともに優れた人物が必要であるとの信念の下、その養成に一生を尽くしたのである。現代の危機を克服するのは教育学問であり、今日誇っている科学、技術や産業の発達と匹敵するような道徳的・精神的・人格的発達がなければ、この文明は救われないと考えた。そのためには、教育者は真の人間を作るように子弟を教え導く必要がある、と。真の人間とは、いかなる地位に置いても信用せられ、またいかなることでも容易に習熟する用意のできている人、苦悩している人類に敬愛と希望を与える人間のことであると考えた。

特に国民の幸不幸は政治の影響が大きいとし、政財官界の指導者層の啓発、教化、指導に力を注いだ。最高の教育を受けた人間でも、その後の自己陶冶《じことうや》なくして立派な人間にはなれないというのが、安岡教学、人間学の結論であった。その教えの基本は、日本の伝統を大切にする立場からの東洋的な思想、哲学であった。

東洋古典の研究や普及活動を行い、戦前・戦後に渡って政財官界に多大な影響力を持ち続けた。終戦時には、昭和天皇によるラジオ放送、玉音放送「終戦の詔書《しょうしょ》」の原稿を加筆し完成した。また平和が成り立つという意を持つ平成の元号の考案者といわれている。多くの政治家や財界人の精神的指導者、ご意見番の立場になり、吉田茂、池田勇人、佐藤栄作、中曽根康弘など多くの首相が安岡氏を信奉、師と仰ぎ、昭和最大の黒幕と評されている。

逸話の一つに、佐藤栄作氏が総理になる前、アメリカに行ってケネディ第三五代大統領との初めての会見に臨んだという。その会見時間は二〇分から三〇分の設定であり、どのような話題がよいだろうかと安岡氏に相談した。老子の言葉に「戦勝国は喪の礼をもってこれに処す」とあり、戦に勝った者は、喪に服するのと同じ心がけでこれに臨む、これこそが本当の人道主義ではないかという話を入れるようにと提案した。東洋精神とはこういうところにあり、アメリカは日本と交わるについて、こういう精神を理解してもらえれば嬉しいのだが、ということを助言した。実際にケネディ大統領との話の中で、老子の言葉を伝えたところ、大統領は大変感動し話が弾み一時間以上に及んだ。帰国後、素晴らしい提言ありがとう、と感謝されたという。

自分はただの教育者にすぎないと考えていたが、名のある人物ほどその教えに心酔し、意見や講演を求め、各界各地に影響力を拡大していき、昭和五八年（一九八三年）八五歳で他界した。

四條畷の地は、明治二三年（一八九〇年）小楠公（楠木正行）を祭神とする四條畷神社が創建され、明治政府の王政復古のシンボルとなった。安岡正篤氏は多感な少年時代、中学時代を四條畷で過ごし、小楠公を亀鑑とする忠孝両全《ちゅうこうりょうぜん》の教育を受けたことが思考の基盤となり、その後の人生に磨きがかかり、影響力の強い偉大な教育者になったと思われる。
一燈照隅《いっとうしょうぐう》　万燈遍照《ばんとうへんじょう》（国民有志が積極的・創造的精神を発揮すれば、いつか一燈は万燈になり、世を遍く照らす力となる。）

昭和一五年（一九四〇年）四條畷中学校「楠の若葉三八号」に、安岡正篤氏の特別寄稿文が掲載されている（「畷百年史」五二八―五三二頁）。本稿は太平洋戦争前の緊迫した状況下のものであり、現在のわれわれとは違った一面もあるが、どのような時代でも変わらない、「教育は人作り、国造りの基本」、であることが述べられた卓越した檄文《げきぶん》であり、抜粋転載する。

特別寄稿（昭和一五年）　〝今後の青年学生〟　安岡正篤（中九期）

「一昨年から中国、ヨーロッパまたアメリカ各地を遍歴して、つくづく、日本というものを反省した。今、日本は本当に自己を知らねばならぬ秋である。
江戸時代の日本は鎖国政策をとって世界を忌避《きひ》して、自分たちだけの生活を楽しんでいた。その間、世界は近代文明の発展とともに交通も大いに開け、あらゆる関係が複雑化し日本ばかりが鎖国生活をすることができなくなり、明治維新以来、急激に世界との競争の場に置かれることになった。この西洋文明、舶来文明を追及するために日本は汲々《きゅうきゅう》として明治・大正期を経てきたのである。その間に日清・日露の戦いはあったが、これは自己を護るための正当防衛であった。ところが、今度の日中事変を契機として、日本は守勢から攻勢に転じたのである。今回、世界各国を歴遊して、その国々の有志と親しく会見したが、日本に対して相当反感を抱いていることを実感した。経済的にも日本の今日は、孤立無援の状態である。われわれは、今後数十年間は世界の中で難航を続けるだろう。これに処する重責は、今修養中の少年であり、青年である。有史以来の大難局に対して十分な覚悟が必要である。

とくに皆さんに一言したいのは、世界は日本をどう思っているかという問題である。白色人種はすべて進化論の上に立って、万物の霊長として人間があり文明を作り文明の最頂点に居るのは白人であると考えている。白人はそのように自惚《うぬぼ》れているのである。しかし日本の優れている点もヨーロッパやアメリカの識者の間でよく研究されている。有識者の中には驚くほど日本を観察している者がいる。

イギリスにいた時、イギリスの国体と日本のそれとを比べて、日本の国体に憧れていた者も二人や三人ではなかった。イギリスでは英国の王室は、単なる政治的存在ではなく、深く道義的意義を帯びていると考え重要であると考えていた。そのような中で、日本の皇室をみなさい、と私は言いたい。日本の皇室は尊厳無比であり、日本の国体は深遠きわまりないものである。

西洋の民族精神は個人主義の上に立っていて、自我意識が強い。自治的であり、平等主義が発達していて権利義務の観念が強いから、組織とか共同体とかは優れているが、彼らは自我を忘れることのできぬ民族である。一方、日本人は極めて没我的である。物に対して感激しやすい。感激すれば、その対象に向かって容易に自己を忘れ自己を捧げるのである。この没我精神は、彼ら識者は羨望《せんぼう》し驚嘆やまないのである。

あまり枝葉末節には拘泥《こうでい》しないが、一度、尊厳なるものを犯されるか侮辱されると耐え難いのが日本人の特色である。場合によっては自決してでも、その尊厳なるものを守ろうとする。国を焦土となすも、なお辞せない、この没我精神が日本人の特色である。西洋人もこの特色をよく知っている。

しかし非常に日本人を軽蔑しているのも事実である。彼らの多くは明治の日本には敬意を表するが、大正・昭和期の日本は、文明も人物も堕落《だらく》している。なぜそう言うのか、その理由は、日本を代表する人たちに接すると、人間としての品位とか教養とか、思想行動が明治の頃に比べてはるかに劣っている。近代の日本人は利巧ではあるが迫力がない。ゆかしい信仰も情操もない。日本人が、今日宣伝しているのはほとんどが物質的な問題ばかりである。

世界に植民地を獲得した国は、ただ安易にそれを得たのではない。国民の元気を振作し、その知恵と才覚と努力とを集め、しかも万里の波涛を乗り越え、硝煙弾雨の中、これを得たのである。そのとき日本は何をしていたか。鎖国をして、ものうけていたではないか。これは何もせずに貧家となったものが、富者に対して、俺にも分け前をよこせというようなものだ。このような日本の思想行動は無頼漢のやり方である。日本には金がない。鉄がない。油もない。しかし人口は多い。それらは台所の話でしかない。今日の日本人には人道的精神や高貴な精神的なものを感ずることができない。極めて低調な物欲国としか言えない状態である。

彼らの国とて、日本と同じように台所事情は窮迫《きゅうはく》している。しかし、国民大衆や他国に対して内輪の事情をさらけ出すようなことはしていない。あくまで正義、人道を建前として、堂々と大義名分をもって臨んでいる。現状維持派のデモクラシーの国では、人類平和を唱え、自由を主張し、人類の幸福を叫んでいる。ヒットラーにしても一兵卒から立ってドイツの大政治家になった方である。ベルサイユ条約の圧迫からドイツ国を救うことが己の使命である、と常に言っている。今日、塗炭《とたん》の苦しみからドイツ民衆を救い出すより他意はないのである。ところが日本は、堂々と大義名分を立てて外交場に出ていくことは少ない。今日の状態では経済問題に終始しており、外国からみれば唯物的な国であるとしか見えないのである。外交が唯物的問題におちると、極めて低調になる。

私はあるアメリカの大実業家から聞いた話が忘れられない「一体全体、日本人は外交がつたない。ときとして甚だ見識がない。金を貸せとか、物を売れとか言うが、気持ちよく応じられない。それよりも相当な人物が来て、このような見込みのある事業だが仲間に入らんかとでも言えば協力しやすい。国家の問題においても同様である。世界人類の平和や幸福のために協力、助力してもらいたいと大所高所からの相談ならば、金も貸そうじゃないか。もっとわれわれが感心するような代表的人物を寄こしてもらいたい」と。日本人の近頃の様子は、このようなことになっているのである。

それから、もう一つ、近頃の日本人は、どうも無作法である。中国でもヨーロッパでもアメリカでも紳士の礼法は極めて厳しく、またすこぶる厳格である。日本人は、その辺りが甚だダラシない。これは日本人同士でも気付くことだが、若い者と老人には比較的少ないが、中年の紳士に多い。ここで教育が反省される。明治維新以来、わが国が取り入れた近代文明は、唯物文明・機械文明である。外観の荘厳に刺激されて、物の建設に夢中になり、人事百般にわたって機械文明の建設に狂奔《きょうほん》してきた。同時に内面的にも物質の探求に没頭した。そして従来の精神への探求を忘れて、唯物的研究に没頭した。その結果、人間を見ても万物の霊長とはせずに生物学的、機械論的に研究することが流行った。こうした物質主義、機械主義が世の中を風靡《ふうび》するようになると、精神の軽蔑《けいべつ》が生じ、いろいろな事に対してなおざりになってしまう。

大正時代になってデモクラシーが流行ってきた。これは奴隷制度などを行った欧米における当然の反省的所産である。奴隷であろうと白人であろうと、人間にひとしく人格を認め社会的活動を自由にし、不平等をなくそうという主張である。このデモクラシーの思想が誤って、人間を生物学的に引き落としてしまった。英雄崇拝とか偉人崇拝は封建時代の遺物《いぶつ》であって、時代錯誤だと叫ばれ出した。学校の卒業式の答辞でも、「われわれは社会に出て、英雄にも偉人にもなるのではない。善良にして平凡なる一市民たることを光栄とする」などと述べられた。書物でも「平凡の礼賛」などが流行ったのである。

人間は偉大ならんと欲しても、なかなか成れるものではない。向上ということは難事である。人間の感激は偉大なるものに触れることによって生じる。平凡の中からは決して起こらない。偉大なるものを否認すると、人間は感激がなくなって、だれて来る。馴れ馴れしくなり、崩れてくる、そこへ自由主義が流行ってきた。われわれの一挙手一投足すべて自己の良心の命令に従って動き、すべては自己責任というものである。他の力に圧迫されて生活するのは、人間として自己の権威を放棄した屈辱であり、自分の意志と良心に基づいて生活すべきであるというのが自由主義である。これが放縦《ほうじゅう》、我儘《わがまま》な意味の自由になってきた。家族制度の解放、道徳の打破、国家の否定、礼儀作法の不要など人間の自由を束縛《そくばく》するものを排斥《はいせき》してきた。自由主義教育を標榜《ひょうぼう》する学校も現れ、生徒たちを放縦に育てることをもって成功と考えた。

外国人を毛唐、毛唐と言って蔑視《べっし》しているが、彼らは礼儀については厳しい。中国人も一に礼儀、二にも礼儀といって礼儀を守ることに熱心である。しかし、日本の近代教育を受けた人は粗野で礼節がない。国体は立派で民族精神は麗《うるわ》しくとも、現代の日本人の中に不心得者がいるために、外国人からの誤解が想像以上になっている。

第一次世界大戦後、共産主義が入り、国民を煽動《せんどう》して階級闘争的思想を促した。それが昭和の初め、国外に反映して恐るべき徴候を示し始めた。満州において中国民族との生存競争に敗れた日本民族は、旗を巻き雪崩《なだれ》をうって退却を余儀なくされた。

その後、巻き返しを図り国威はやや回復傾向にはある、が。

明治末期から大正・昭和の二〇年間は、日本として一面、腐敗堕落《ふはいだらく》の時期であった。そこへ第一次世界大戦後の好景気が続いたので、深刻に反省ができなかった。その間に育った人たちは軟弱傾向の人間が多い。その人たちが国を代表して外国へ行き、外人と接しているのである。ここに今、自分たちの学問教養に対して深刻な自覚反省が必要である。今日の青少年は真剣に正義と真理を求めて、深い教養と徹底した生活をされることを熱望する。

私どもが諸君に望むことは、真剣になって自分を作ることである。今日の日本において必要なものは実力である。実力は多年の修練によらねば得られない。平生の涵養《かんよう》が大事である。諸君としては自分を作ることに全力を尽くしてもらいたい。実力なしのヤマカン勉強で点数を取っても何にもならぬ。まず、自分を作ることが肝要である。少々成績が悪くても元気を振り起して、他日、有為《ゆうい》の人材たらんとする理想を失わぬことが大切である。人間は自分に見切りをつけて自棄《じき》するのが一番悪い。人間にはいかなる霊能があるかは計り知れぬものがある。人間は一個の霊体である。修養の仕方によっては、人間にはいかなる能力があるのか判らぬのである。研究すればするほど、人間の美質は発見せられるのである。学校の成績は、平均三〇点でも四〇点でも、それで己は駄目だと考えてはならぬ。おおいに有為有能の人材となる大理想を持たねばならぬ。大理想を持てば大努力をせねばならぬ。

大努力を成すには、当然、自ら苦しまねばならぬ。苦しんで開拓したものでなければ本物でない。人並みの努力をしたのでは秀れた者にはなれぬ。秀れた者となるためには人の数倍の努力と苦労をしなければならぬ。人の寝るところを半分にし、人の食うところを半分ぐらいにしてでも、努力するところは人の一〇倍も二〇倍もやるだけの元気がなければならぬ。二〇歳前後や三〇歳では、いくら仕事や勉学をやっても疲労などするものではない。心身ともに旺盛《おうせい》な時期である。まかり間違って病気になったり死んだりすれば、そのときは天命と諦めるのである。学徒が学問のために死ぬのは本望ではないか。

越後の河井継之助は、〝人間は病気するときは、病気するがよろしく、死ぬときは死ぬがよろしい〟と、言っている。〝朝《あした》に道を聞いて、夕べに死すとも可なり〟とは、このことだ。その元気で勉学や仕事をやるのだ。

それには、やることを心得ておかねばならない。まず読書万巻の元気が必要である。

吉田松陰は、〝万巻の書を読まずんば、いづくんぞ千秋の人たるを得ん〟と言っている。古聖先賢の書をしっかり読まなければならない。人類の治乱興亡《ちらんこうぼう》を説いた歴史、偉大なる人物の伝記、また魂の書を読む必要がある。読書の仕方には、二通りある。一つは精密、分析的に。これは科学的専門的な知識を得るには必要である。もう一つは、大部分、全体的に通読して書物の根本精神を把握する読み方である。日本外史でもよい、ブルタークの英雄伝でもよい、史記にしろ、通鑑にしろ、努めて読むべきである。

そうすれば、それだけの見識ができ、風格が備わってくる。また、道をもって相通ずる師友と切磋琢磨すれば、万巻の書と相まって人間ができてくる。そうして自己を作ってゆくのである。このような勉強をして修得した見識・情操信念を以って日本の難局打開に乗り出す時、日本は世界の諸問題を積極的に打開、躍進することができるのである。

私は、すでに齢四〇を過ぎた。太陽を返すことができるならば、今一度一〇歳くらいの少年になって学びたいと思う。諸君のように学窓で勉強している青年は羨望《せんぼう》に堪《た》えない。今、諸君自ら英魂を呼び覚ますことなく、徒にヤマカン勉強やダラシない生活に日を送るようでは、これ以上の屈辱はあるまい。

今こそ、真に勇気と正学を振起しなければならぬ秋である。」

政治、経済、教育、医療などあらゆることがグローバル化、国際化の必要性に迫られている、今、社会の、時代の要請に応えられる人材育成が急務となっている。

安岡正篤氏が〝今後の青年学生〟で伝えようとしたメッセージ、教育の本質や教育に対する姿勢は人作りの基本であり、七五年を経た今日でも鮮烈な感銘を受ける。

「高校三年生」

弥生三月、卒業式の季節である。

高校三年生、一八歳の春は、人生の旅立ちの時である。

青春時代の真っただ中。将来への夢、希望がいろいろと語り合え、密度の高い時間を過ごすことができる。人生、先は長いのだから、おおいに迷ってみるのもいい。

自分がなにをしたいのかわからなければ、ゆっくりと自分の道を探す旅をしてもよい。しかし、わが国では、人生の方向付けは高校三年生の時の進路決定でほぼ決まってくる。回り道、紆《う》余《よ》曲《きょく》折《せつ》の人生行路を歩む者は、案外、少ないのである。したがって、高校三年生までに自分がなにをしたいのか、どのような仕事に就きたいのかなど、現実的にはおおむね決定する必要がある。

ただ、今後はなにが起こるか全くわからない世の中。

これからは仕事の在り方、家族のかたち、価値観などいろいろと多様になってくるだろう。もっとしなやかに、柔軟に、そして多様な考え方に対応できる生き方が必要になってくるに違いない。

平成二六年（二〇一四年）の一八歳人口は一一八万人、一五年後には一〇三万人に減少する見込みである。少子化の進行は確実である。

一人ひとりの人格形成、価値の向上がこれまで以上に、益々大切になってくる。

筆者は、正月休みに四五年振りに高校の同窓会に出席した。青春時代にしばし戻り、楽しいひと時に時間が止まってしまった。卒業生三八九人の内七〇人と恩師二人が参加して、住んでいる処のこと、仕事の話、子供や孫のこと、今回出席できなかった友人のことなど、それぞれの談義に花が咲いた。昭和四四年（一九六九年）に母校を巣立ち、それぞれの道を、それぞれのやり方で歩んできた仲間たちである。はじめは誰だったのか認識ができなくても、名前を確認し、話しはじめると、それぞれの少年少女時代の面影を見つけ記憶がよみがえり、心底から嬉しくなる。不思議に勇気と元気がわいてくる。歳月は人を変えるが、誰でも不易の部分を持っている。出席者は地域外からが半分、地域内からが約半分であった。

母校の愛媛県立南宇和高等学校の地は山、川、海は昔と変わらず、海は青く澄みわたり、緑美しく、川は清く、海山の美味しい恵みと豊かな自然に包まれている。産業は山や海からの豊富な幸、みかん栽培、特に河内晩柑《かわちばんかん》の生産量は日本一、ハマチ、ブリ、鯛、ヒオウギ貝や牡蠣《かき》の養殖なども盛んである。地域水産業の振興・発展のため、愛媛大学水産研究センターとの産学連携、事業推進も行っている。

高校の校舎や体育館は卒業時の昔と変わりなく、懐《なつ》かしい想い出のアルバムを心の中で紐《ひも》解《と》くことができた。

四国の高速道路が郡内まで数年以内に伸びてくること、南海地震に対しては防災・減災への取り組みとその対応方法、県立病院の医療問題など発展している事項とともに課題も少なくないようだ。日本の地方、田舎では高齢化、人口減少化に伴い、いずこも同じような問題に直面している。

最後に、同窓会への出席者全員が輪になり、肩を組み、校歌を歌い、高校三年生を歌って再会を誓い、散会となった。

「高校三年生」

一．赤い夕陽が　校舎をそめて
ニレの木陰に　はずむ声
ああ　高校三年生　ぼくら
離れ離れに　なろうとも
クラス仲間は　いつまでも

二．泣いた日もある　怨んだことも
思い出すだろ　なつかしく
ああ　高校三年生　ぼくら

フォーク・ダンスの　手をとれば
甘く匂うよ　黒髪が
三．残り少ない　日数を胸に
夢がはばたく　遠い空
ああ　高校三年生　ぼくら
道はそれぞれ　別れても
越えて歌おう　この歌を

作詞　丘　灯至夫／作曲　遠藤　実

参考文献一覧

五木寛之『語りおろし全集　人はみな大河の一滴』日本通信教育連盟生涯学習局、二〇〇〇
宇野哲人『論語新釈』講談社学術文庫、一九八〇
大阪府立四條畷高等学校記念誌委員会『畷百年史』二〇〇六
呉茂一『ギリシア神話（上）（下）』新潮文庫、一九七九
小泉八雲『A Living God』http://www.inamuranohi.jp/
小林一彦『ＮＨＫ一〇〇分de名著　鴨長明　方丈記』ＮＨＫ出版、二〇一二
堺屋太一『団塊の秋』祥伝社、二〇一三
坂村真民『坂村真民一日一言』致知出版社、二〇〇六
四條畷市教育委員会『こども歴史　わたしたちの四條畷』二〇〇六
四條畷市教育委員会『歴史とみどりのまち　ふるさと四條畷』二〇一〇
司馬遼太郎『二十一世紀に生きる君たちへ』世界文化社、二〇〇一
新村出　編『広辞苑第六版』岩波書店、二〇〇八
杉浦明平　訳『レオナルド・ダ・ヴィンチの手記（上）（下）』岩波文庫、一九五四
摂河泉地域文化研究所編『ローマからはるか河内へ　波涛を越えて』中井書店、二〇一〇
太宰治『津軽』新潮文庫、二〇〇四
外山滋比古『ちょっとした勉強のコツ』ＰＨＰ文庫、二〇〇八
中井常蔵『稲むらの火』http://www.inamuranohi.jp/
中西進『辞世のことば』中公新書、一九八六
新渡戸稲造『（英文版）武士道 BUSHIDO』講談社インターナショナル、二〇〇二

フリードリヒ・ニーチェ『超訳　ニーチェの言葉』白取春彦　訳、ディスカヴァー・トゥエンティワン、二〇一二
マイケル・サンデル『これからの「正義」の話をしよう　いまを生き延びるための哲学』鬼澤忍　訳、早川書房、二〇一〇
牧田宗太郎『自傳教悦』四條畷学園事務局、二〇一三
三浦佑之　訳・注釈『口語訳古事記』文藝春秋、二〇〇二
安岡正篤『安岡正篤一日一言』致知出版社、二〇〇六
吉野裕子『蛇　日本の蛇信仰』講談社学術文庫、一九九九
ルイス・フロイス『完訳フロイス日本史1　織田信長篇Ⅰ』松田毅一・川崎桃太　訳、中公文庫、二〇〇〇

著者紹介

河井秀夫（かわい・ひでお）

昭和 26 年　愛媛県南宇和郡生まれ。
昭和 50 年　大阪大学医学部卒業、医学博士。
昭和 61 年　大阪大学医学部整形外科学教室助手、講師。
平成 4 年　星ヶ丘厚生年金病院整形外科部長、副院長。
平成 17 年　大阪大学医学部臨床教授。
平成 21 年　四條畷学園大学附属幼稚園 名誉園長、四條畷学園大学・短期大学 学長。

学長のひとり言

二〇一四年三月一〇日　発行

著作者　河井秀夫

発行所　丸善プラネット株式会社
〒一〇一-〇〇五一
東京都千代田区神田神保町二-一七
電話（〇三）三五一二-八五一六
http://planet.maruzen.co.jp/

発売所　丸善出版株式会社
〒一〇一-〇〇五一
東京都千代田区神田神保町二-一七
電話（〇三）三五一二-三二五六
http://pub.maruzen.co.jp/

組版　月明組版
印刷・製本　大日本印刷株式会社
ISBN 978-4-86345-200-8 C0095